西北工业大学出版基金资助项目

基于知识竞争的多雇佣模式员工知识管理行为研究
Research of Knowledge Management Behavior of Employee on Multi-employment Mode for Knowledge-based Competition

张树娟　著

西北工业大学出版社

西　安

【内容简介】 在基于知识的竞争中取得竞争优势是我国企业通过自主创新谋求科学发展的一个重要选择。当前知识管理面临的最大困难在于"改变人的行为"。同时，随着传统的内部化雇佣模式逐步被多样化的雇佣模式所取代，传统的人力资源管理研究的基础假设受到了挑战。本书阐述了多雇佣模式下知识员工行为的协同管理，对知识管理与人力资源管理实践的内在联系、整合机制进行了探讨。

本书内容涉及知识管理、人力资源管理、组织行为管理等多个交叉领域，在理论上拓展了人力资源管理的研究边界；在实践上，可以帮助企业管理者更好地引导多雇佣模式下的员工表现出期望的知识管理行为，进而取得基于知识竞争的持续竞争优势。

图书在版编目(CIP)数据

基于知识竞争的多雇佣模式员工知识管理行为研究/张树娟著. —西安：西北工业大学出版社，2017.11
ISBN 978-7-5612-5729-6

Ⅰ.①基… Ⅱ.①张… Ⅲ.①企业管理—知识管理—研究 Ⅳ.①F272.4

中国版本图书馆 CIP 数据核字(2017)第 282449 号

策划编辑：雷　军
责任编辑：王瑞霞

出版发行：西北工业大学出版社
通信地址：西安市友谊西路 127 号　　邮编：710072
电　　话：(029)88493844　88491757
网　　址：www.nwpup.com
印 刷 者：兴平市博闻印务有限公司
开　　本：727 mm×960 mm　　1/16
印　　张：12
字　　数：214 千字
版　　次：2017 年 11 月第 1 版　2017 年 11 月第 1 次印刷
定　　价：35.00 元

前　言

在中国社会发展的进程中,资源匮乏已成为一个重要的制约因素,企业的可持续发展不可能更多地依赖传统意义上的稀缺经济资源,在基于知识的竞争中取得竞争优势是我国企业通过自主创新谋求科学发展的一个重要选择。企业要获得持续的基于知识的竞争优势,必须发展有效的知识管理能力。在实践中,企业知识管理也日益受到重视,但作为其重要基础的组织行为层面却没有得到应有的重视。美国学者 Rudy.Ruggles 经过对美国和欧洲的 431 名企业经理人员的实证调查分析后得出结论,指出 56% 的企业经理人员认为"改变人的行为"是目前知识管理面临的最大困难。同时,由于企业人力资源成本不断上升等原因,企业人力资源策略日益柔性化,传统的内部化雇佣模式正逐步被多样化的雇佣模式所取代。企业越来越依赖不同类型的人力资源提供他们所需要的知识和技术,这就要求企业要建立相应的机制促进员工群体知识的交换以加强学习和创新。因此,对多雇佣模式下人力资源的知识管理行为进行研究具有积极的现实意义,而人力资源管理实践是一个组织激励和引导员工行为的主要方法。

基于知识竞争的人力资源管理和传统的人力资源管理最大的不同就在于,与关注员工做了什么工作相比,更加关注员工对企业的核心竞争力所做的贡献。国内外学者的潜心研究为知识管理领域的发展提供了大量成果,但现有对知识管理行为的探索散见于不同研究视角的文献中,缺乏知识竞争背景下对员工角色行为的整体考虑,对获取知识竞争优势所需要行为的系统研究不够深入,也缺乏对多雇佣模式下员工群体的协同管理研究,对知识管理与人力资源管理实践的内在联系、整合机制缺乏深刻的理解和分析。

本书在一定程度上弥补了上述研究的不足,重点进行了以下研究。

1. 研究基于知识竞争的员工行为

在前人知识优势形成机理研究的基础上,借鉴 Schuler 的竞争战略所需雇员行为、Campbell 等开发的 8 因素绩效模型和 Pulakos 等开发的适应性绩效模型,提出基于知识竞争的绩效分类模型,导出为获取知识竞争优势而需要的一般知识管理行为,并通过半结构性访谈等方法对这些行为指标进行验证。

2. 人力资源管理与知识管理内在整合机制研究

利用 Lepak 和 Snell 人力资源结构体系法,从个人、群体和组织三个不同层次重点分析知识视角下的多雇佣模式人力资源的管理,探讨优化知识的获取和使用的机理及策略。从关注个体员工转移到关注各种员工群体贡献的合作和集成上来。

3. 基于"能力—激励—机会"(AMO)模型的行为管理

基于人力资源管理高绩效工作系统"AMO"模型,企业雇主必须确保员工有适当的能力、动机并有机会从事这些行为。

(1)以组织中个体能力获取和组织能力库存为研究对象,运用人力资本理论、交易成本理论揭示基于知识视角的人力资源动态能力获取机制,分别从知识获取来源、组织内外部能力获取、组织能力监测和通过留人留住知识等方面进行理论和案例研究,得出促进能力不断进化的人力资源实践组合。开发基于无形资产管理模型(IAM)的员工能力监测工具,解决对多雇佣模式下专业人员能力进行状态监测的问题。

(2)结合多雇佣模式下人力资源的知识管理行为特点,对知识贡献导向的行为激励进行全面提炼和总结。重点针对组织正式员工、合同员工、联盟员工知识共享行为进行分析,探讨不同来源知识群体知识分享的影响因素,提出知识员工雇佣关系的差异化管理策略,给出多雇佣模式下知识员工的协同激励策略。

(3)对知识管理支持系统进行研究。重点探讨提高多雇佣模式下知识分享机会的途径。

人力资源作为企业参与知识竞争的核心资源,其管理思想、机制和方法等方面也必须为适应新的环境变化而变化。学者们已经开始认识到,传统的人力资源管理研究以工作相对稳定为基本前提,但是现在工作岗位的环境的多变,传统的人力资源管理研究基础假设受到了挑战,而过去的一些研究已经不足以解决当前所面临的问题。因此,在基于知识的竞争环境下,从行为的视角研究基于知识竞争的战略人力资源管理系统,是一个重要的科学问题。2013年国家自然科学基金重点项目之一"全球化背景下的企业多元雇佣模式与人力资源管理创新(G0205)"也说明对多雇佣模式下员工的管理已成为研究前沿和热点,本书从知识管理的视角来研究人力资源管理,涉及知识管理、人力资源管理和组织行为管理等多个交叉领域,在理论上进一步补充和完善人力资源管理理论,拓展人力资源管理的研究边界;在实践上,可为企业管理者提供理论指导,帮助他们更好地引导多雇佣模式下的员工表现出期望的知识管理行为,进而取得基于知识竞争的持续竞争优势。

本书的出版得到了西北工业大学出版基金的资助。

本书主要读者对象为人力资源和知识管理领域的教学科研专业人士、企业人力资源主管和信息主管和相关领域咨询人员。

写作本书曾参阅了相关文献、资料,在此谨向其作者深致谢意。

张树娟
2016 年 5 月

目 录

第 1 章 导论 ………………………………………………………………… 1
    1.1 研究背景及意义 …………………………………………………… 1
    1.2 相关文献综述 ……………………………………………………… 3
    1.3 本书的主要内容和研究思路 ……………………………………… 15

第 2 章 基于知识竞争的员工行为 ………………………………………… 20
    2.1 知识竞争优势形成机理分析 ……………………………………… 20
    2.2 以知识为基础的竞争战略 ………………………………………… 24
    2.3 竞争战略下的角色行为 …………………………………………… 25
    2.4 绩效模型和基于知识竞争的绩效维度 …………………………… 27
    2.5 知识竞争所需的角色行为 ………………………………………… 32

第 3 章 基于知识竞争的 HR 系统整体架构研究 ………………………… 39
    3.1 人力资源系统 ……………………………………………………… 39
    3.2 知识竞争中 HR 优势的获取 ……………………………………… 41
    3.3 知识视角下的 HR 多雇佣模式 …………………………………… 46
    3.4 HR 实践与知识管理行为管理 …………………………………… 54
    3.5 基于完整知识价值链的 HRM 系统整体架构 …………………… 61

第 4 章 员工知识管理行为能力获取 ……………………………………… 63
    4.1 支持知识管理行为的能力 ………………………………………… 63
    4.2 基于知识视角的能力 ……………………………………………… 65
    4.3 行为、能力与人力资源实践 ……………………………………… 66
    4.4 知识竞争对 HRM 研究的特殊挑战 ……………………………… 67
    4.5 员工知识管理动态能力模型构建 ………………………………… 68
    4.6 知识获取 …………………………………………………………… 69
    4.7 通过组织内部获取个体能力 ……………………………………… 73

- 4.8 通过组织外部获取临时能力 …… 83
- 4.9 基于 IAM 模型的员工能力测量和预警 …… 89
- 4.10 通过留住专业人员来留住知识 …… 96

第 5 章 知识管理行为激励 …… 100
- 5.1 知识型员工激励的研究述评 …… 100
- 5.2 知识管理行为激励的理论基础 …… 101
- 5.3 知识管理行为激励体系总体框架构建 …… 104
- 5.4 多雇佣模式下知识管理的关键行为——知识共享的激励 …… 114
- 5.5 知识员工雇佣关系的差异化管理 …… 124
- 5.6 多雇佣模式下知识群体的协同激励策略 …… 129

第 6 章 知识管理行为支持系统 …… 133
- 6.1 员工行为支持研究回顾 …… 133
- 6.2 员工知识管理行为支持系统 …… 134
- 6.3 多雇佣模式下的知识共享支持 …… 145

第 7 章 结论与展望 …… 157
- 7.1 本书的主要研究结论 …… 157
- 7.2 研究展望 …… 160

附录 …… 161

参考文献 …… 165

第1章 导 论

1.1 研究背景及意义

过剩经济、全球经济一体化、网络社会、知识经济是目前人类社会经济发展的四大变化,这些变化必然会引起企业面临的外部环境更加复杂和多变。我们现在正面临着一个新的经济范式:知识经济取代传统的工业经济的大转变。知识经济是建立在知识的创新、传播和利用基础上的经济,一批又一批以知识为基本经济资源和竞争手段的"知识新贵",纷纷取代传统企业成为时代宠儿。知识型企业与传统企业在地位和发展逻辑上的这种沉浮变化,昭示着企业制胜的基础和竞争优势的源泉已经或正在发生根本的转变。知识在经济发展和企业竞争中的地位与作用日益重要,知识已经或正在取代传统的生产要素——资本、土地、劳动,成为企业首要的生产要素,知识工作者在企业中的地位与作用日益上升和增强,企业产品的知识含量越来越大,知识越来越成为利润和超额利润的主要甚至是唯一的来源。基于知识的竞争观念受到了广泛的重视(Grant,1996)。基于知识的竞争要求企业建立相应的机制促进员工群体知识的交换从而加强学习和创新。管理者和学者更关注怎样通过知识的创造、转移和杠杆效应获得竞争优势。企业的人力资本组合和他们各自拥有的知识一起被视为组织资产,并发挥杠杆作用。

这表明,在知识经济环境中,经济增长的源泉和企业间竞争的重心,已经从物质资本转移到知识资本方面,知识被认为是企业整个资源体系中最有价值的战略资源,因此,企业要获得持续的基于知识的竞争优势,必须发展有效的知识管理能力,知识管理和基于知识的竞争成为战略管理的重要议题(Grant,1996)。Karl Erik Sveiby(2007)在他的《知识探戈:管理与测量知识资本的艺术》一书中,系统地阐述了他称之为"基于知识的战略"的核心思想:把知识管理作为整个组织的一项战略要务。他认为知识是人的一部分,知识管理的目的就是更好地培育、利用和激励人们改进和分享知识的行动能力。

在一个基于知识的环境中,一个公司的人力资源(Human Resource,以下简称HR)对于公司运作非常重要,这是由于知识是一种智力资源,它主要存在于员工的身上而不是组织层面上。人力资源是知识资源的创造者、载体和管理者。在企业核心竞争力的形成和持续提升过程中,人力资源管理(Human Resource Management,以下简称 HRM)和知识管理发挥着相辅相成的配合作用(何德勇,2003)。知识管理的行为学派也认为,知识管理就是对知识的载体——人的管理,作为知识拥有者的知识型员工在企业中的地位也日趋重要。

从长远看,个体员工的聚集效应是企业成功或失败的主要决定力量,从行为的视角,HR 实践是一个组织激励和引导员工行为的主要方法。企业知识管理日益受到重视,但作为其重要基础的组织行为层面却没有得到应有的重视。知识管理中的组织行为难题(袁庆宏,2003)对人力资源管理研究提出了新的要求。

随着行为科学应用到人力资源管理的各个领域,人力资源管理实践中出现了"行为化"趋势,关注对行为的识别、评估和塑造。通过对员工行为的管理不断强化有助于企业实现目标的行为,体现了人力资源管理对企业战略的贡献,体现出人力资源管理者的"战略伙伴"地位(武欣,2005)。

战略人力资源管理(Strategic Human Resource Management,以下简称 SHRM)将人力资源看成一个系统,战略人力资源实践活动都以实现组织战略目标、获取竞争优势为核心,强调通过组织内部人力资源管理各项实践活动协同发挥作用、共同服务于某一特定目标的组合模式——即捆绑性组合达到获取竞争优势的人力资源配置,强调这种配置与企业战略的垂直匹配和在企业内部各种活动间的水平匹配(颜士梅,2001)。SHRM 观认为,要取得 HR 优势,不仅需要人力资本存量优势,而且要获得人力资本的整合优势。

由于竞争形势的变化,过去的一些关于人力资源管理的研究已经不足以解决当前所面临的问题。企业需要构建一个新型的人力资源管理系统,用它来增强企业获取和使用知识资源的能力。人力资源作为企业参与知识竞争的核心资源,其管理思想、机制和方法等也必须为适应新的环境变化而变化。学者们认识到,原来的研究以工作相对稳定为基本前提,但是现在工作岗位的环境开始多变,传统的人力资源管理研究基础假设受到了挑战,在动态不确定的环境中,组织的人力资源雇佣模式在发生着深刻的变化。传统以内部化为主导的人力资源雇佣模式渐渐失去了其原有的成本和效率优势,而逐步被多样化的雇佣模式所取代(王雪莉,2010)。在基于知识的竞争环境下,从行为的视角研究基于知识竞争的多雇佣模式下的人力资源实践系统,是一个重要的科学问题,对于丰富当代人力资源管理理论体系,推动人力资源管理研究具有重要的科学意义,同时,通过对有效管理知识的战略人力资源实践的总结,对于现阶段国内企业应对复杂多变的外部环境、提升知识竞争能力和提高企业管理水平也具有重要的实践意义。

1.2 相关文献综述

1.2.1 基于知识的竞争及竞争优势来源

知识经济是现代经济的主要增长点和主导发展方向,给企业带来了发展机会,同时也带来了巨大的挑战。知识经济时代的企业竞争主要是企业之间的知识竞争,也就出现了所谓的基于知识的竞争——即以知识为基础的企业竞争和竞争战略。

在知识竞争中,企业的资源重心不再是土地、资本和劳动等物质资源,而是知识资源。知识资源包括雇员拥有的所有智力能力和知识,以及他们学习、获取更多知识的能力(DeNisi,Hitt,Jackson,2003)。基于知识的资源在知识竞争环境中对企业保持竞争优势是至关重要的。

首先,工作的性质在过去数十年中发生了很大的变化,许多工作要求雇员去思考、计划或做出决策,这种工作需要雇员具备隐性的和显性的知识和将知识应用于工作之中的能力,称之为知识工作。德鲁克在最初提出知识工作概念时,即是将从事专业工作、管理工作和科学技术工作的人定义为知识工作者。马克卢普则是将属于知识的生产和传播产业的各类职业统统归为知识工作。弗朗西斯·赫瑞比认为,"知识员工就是那些创造财富时用脑多于用手来工作的人们"(Frances Horibe,1999)。Yau(2003)则强调知识工作过程和内容围绕脑力活动、信息和知识的应用、信息的处理以及各种专业性活动。T. H. Davenport(1994)认为,"知识工作的主要活动是获取、创造、整理和应用知识。Paul A. Strassman(1982)从复杂性、自主性、技能、重复性、结构化程度、完成一项任务的时间长度等指标来区分知识工作和体力工作的差异。"E. K. Kelloway,J. Barling(2000)等人则将知识工作的特征归结为对组织的承诺、专业性、创造性、寻找以及应用知识、自我发展、知识分享与社会沟通、资历和文凭等等。

企业竞争优势是指企业在与同行企业的竞争中所表现出来的相对于竞争对手的一种优势,通过这种优势,企业可以获得超过本行业正常收益率的回报。基于知识的竞争中的竞争优势是知识优势。

最早关注知识在经济发展和企业中的作用的学者之一是出生于奥地利的美籍经济学家Fritz Machlup(1972)。丹尼尔·贝尔(1997)、阿尔温·托夫勒(1985)和约翰·奈斯比特(1984)、日本未来学家界屋太一(2000)等都在研究中证明了知识的重要性。野中郁次郎(Ikujiro Nonaka,1995)等人进一步发展了企业内部知识的积累机制,提出了企业知识转换模型。彼得·德鲁克(Peter Drucker,1995)更对知识的地位和作用进行了深刻的分析论述,并提出了一个后来被反复引用的观点:"知识已经成为关键的经济资源,而且是竞争优势的主导性来源,甚至可能是唯一的来源。"

与知识有关的竞争优势理论还有基于学习能力的竞争优势组织学习观和基于企业隐性知识互补和联合的竞争优势的企业网络观。Teece等人(1997)从企业层次上提出动态能力途径,他们认为企业不断学习、适应、提高其技能和能力是其竞争成功的关键。Prahalad 和 Hamel(1994)也通过研究得出结论:知识当然是企业获得持续竞争优势的必要条件,但并不是充分条件,只有动态地获取知识、应用知识才是企业获得竞争优势的充要条件。Gomes-Casseres(1990)提出在经济一体化和全球化的趋势下,单个企业的竞争已经转变为企业所处的联盟网络之间的竞争,企业所在的网络决定了企业的竞争能力。Baum等人(2000)认为通过形成战略联盟,新企业可以获得对其成功非常重要的战略上、技术上、业务上的隐性知识,从而提高其早期绩效。这些学者强调企业从外部获取知识以拓展学习的范围和学习的能力。

姚小涛、席酉民(2001)在《以知识积累为基础的企业竞争战略观》一文中,分析了企业知识优势积累与企业特定知识优势的关系,认为竞争成功的企业在于产生市场占有优势的、有价值的企业内部积累的知识。芮明杰(2003)认为,在市场有效的情况下,企业的竞争优势来源于企业拥有的特异性知识,由于这类知识难以观察和模仿且存在路径依赖性和历史依存性,使竞争优势得以保持和扩大。付临芳(1999)从基本资源的理论出发,分析企业持久竞争优势的来源、途径及根本动力,提出了一个以企业知识为最终资源,内外部资源有效蓄积为基本途径,整个组织的学习与创新能力为根本动力的基本思路来解释在知识经济时代企业如何构筑持久竞争优势。作者认为,构筑知识经济时代的竞争优势的途径有二:通过组织学习、创新和加强人力资源管理等蓄积内部知识;有效利用外部资源,如建立知识联盟等。颜士梅(2002)从战略人力资源管理的视角分析了知识型企业是如何获得竞争优势的,她认为知识型企业自身特征决定其获取竞争优势的途径是获取人力资源优势,并在此基础上进一步阐述分析了知识型企业获取优势的运作体系和运作实践要求。

关于知识优势的研究,除了上述较为直接的分析外,更多的相关研究体现在有关知识管理的分析之中。

知识管理到目前为止还没有一个被大家广泛认可的定义。人们从各个侧面对知识管理进行了探索。本书采用国内学界较广泛使用的一种定义:知识管理就是对一个企业的知识与技能的捕获,然后将这些知识与技能分布到能够帮助企业实现最大产出的任何地方的过程。在有关知识管理的研究中,关于知识共享、知识创新、知识型企业的研究与知识优势密切相关。知识管理理论跳出企业的物理形态,将企业视为知识的集合体,针对组织的适应性、组织的生存和竞争能力等方面进行了广泛研究,对企业竞争优势的根源做出了有益探索。Zack 认为组织的竞争优势来源于对组织知识的创造、配置和分享(Zack,1999)。Bertel 和 Savage 也认为,随着知识经济的到来,竞争优势将会来源于知识的有效管理(Bertel and Savage,1999)。余光胜在对企业竞争优势根源的理论演进进行研究的基础上,提出企业的知识存量和认知结构决定了企业配置、开发和保护资源的能力,并最终在企业产出和市场力量上体现出竞争优势(余光胜,2002)。戚永红、宝贵敏提出从组织、行为和技术三个维度去理解知识管理的定义(2003)。项国鹏从知识维度对企业的战略要素(资源、组织、业务、环境、远景、战略形成)进行结构化的分析,并据此提出基于知识的公司战略过程理论(2003)。彭锐、吴金希把知识管理的基本活动和辅助活动结合起来,把知识管理活动与传统管理活动结合起来,构建了知识价值链模型,分析了知识活动与竞争优势之间的关系,为企业制定战略和分析知识管理状况提供了可资借鉴的方法指导(彭锐、吴金希,2003)。左美云通过对知识管理文献的综述,指出知识管理的研究主要包括知识的特性、知识管理的策略与原则、企业知识管理的方法与技术(左美云,2000),并将企业知识管理概括为十大方面的内容:① 知识创新管理;② 知识共享管理;③ 知识应用管理;④ 学习型组织;⑤ 知识资产管理;⑥ 知识管理的激励系统;⑦ 知识管理的技术与工具;⑧ 知识产品的定价与版本;⑨ 知识员工的管理;⑩ 学习与创新训练(左美云,2003)。

从组织学习角度来看企业的知识管理包括知识集约、知识使用、知识交流、知识创新。在企业组织中,学习既是一个个体化的过程,又是一个组织化的过程。组织学习是企业在持续进行的内外部信息交流中努力改变或重新设计自身以适应不断变化的环境的过程,其中最主要的是对知识的搜集、整理、应用,通过不断的行为改进和保持企业的竞争优势和创新能力(陈国权,2000)。"学习型"组织是企业不断为之努力的方向(彼得·圣吉,1998)。从理论层次上看,知识管理与组织学习都是针对急剧变化的环境,增强企业的快速知识转移或共享与组织学习过程的一致性。转移是知识管理中的一个核心问题。知识转移既有组织内将显性或隐性知识予以扩散的内部转移,又有组织间进行的知识转移。无论何种类型的知识转移,知识接受过程实质上就是进行组织知识学习的过程。另外,组织学习模式的多样化主要体现为知识管理中知识源的多样性。学习模式可分为组织内学习模式和组织间学习模式,这表明组织既可以从组织内部个人、团队、组织层次行动的经验和教训中学习知识，又可以沿着企业价值链的上游和下游，从合作伙伴(供应商、分销商)及顾客中学习知识，还可从公共知识源(信息中心、图书馆)中进行知识的学习，甚至可以将其他优秀企业作为知识源进行学习。因此，只有善于从多种知识源中进行学习的企业，才有资格称为真正意义上的学习型组织。目前可以用来综合集成组织学习与知识管理的理论框架主要是知识链，知识管理理论正是以知识链为基础展开工作的，而组织学习渗透于知识链的每个环节之中，其作用是寻求链条中知识行为的支持，促进链条中各环节的顺畅流动(Firestone,2004)。

邓湘琳(2007)和王培林(2007)分别对国内外知识管理研究状况进行了分析和比较分析，指出国内外学者对于企业知识管理的具体方法与手段缺乏系统研究，对于企业知识管理的激励机制、企业知识管理部门的职能与定位、知识主导性文化的体系、对于知识管理同组织结构、环境的互动、组织知识的构成、量化和测评指标体系的研究，对于知识管理影响因素的定性和定量研究等还有待深入的研究。

由于人是知识的最根本载体，而人力资源管理的目的是开发和利用蕴含其中的知识和能力，知识管理和人力资源管理密不可分，所以在对知识获取、整合和利用等问题的研究中应该借鉴人力资源管理的研究视角和方法。

1.2.2 HRM 与知识管理

在过去，工作是作为产品和服务过程的组成部分被创建的。一旦工作确定了，个人必须高效地完成工作任务。这种途径的逻辑主要源于韦伯的行政管理和泰勒的科学管理。通过研究工人所执行的工作，分析这些工作的必要组成，排除多余的部分，工作可以设计成人们用最简单的方式完成必需的任务(Drucker,1999)。

对于一个组织尤其是一个外在环境较稳定、变化缓慢和工作演变不快的组织来讲，采用基于工作的方式是十分有效的。因为在20世纪的早期，它变成了基本的工作设计战略。人力资源管理也是围绕这些观点发展起来的。

早期的人力资源管理主要以事务性的管理活动为主。随着经济、科技和社会发展的不断变化，组织中关于"人"的管理发生了两次重要转变。第一次是从人事管理领域到人力资源管理领域的转变。第二次是从人力资源管理领域到战略人力资源管理领域的转变(Randall S. Schuler,Susan E. Jackson,1996)。

战略人力资源管理的产生仅有20多年的历史，然而，对于究竟什么是战略人力资源管理，学术界内仍然缺乏一致的结论。一般认为，战略人力资源管理是企业为达到目标而进行的一系列人力资源管理活动，主要包括以下四方面的特征：第一，将 HR 视为获取竞争优势的一种首要资源；第二，强调通过 HR 规划、政策及具体实践，可以达到获取竞争优势的 HR 配置；第三，强调获取竞争优势的 HR

配置,能够与企业战略垂直匹配,并能在内部各种活动间水平匹配;第四,强调所有HR活动皆为一个目的,即达到企业目标(Wright,2001)。

Penrose提出,战略人力资源管理将企业战略与人力资源联系起来,基于资源的企业观点是联结二者的理论基础。Wright(1994)进一步分析了企业关键资源的特征,将之展开为VRIO 4个维度:具有价值(valuable)、稀缺(rare)、难以模仿(inimitable),以及为组织所支持(organization sustain)。Wright等人认为人力资源管理满足VRIO特征(Wright,2001),从具有价值的角度来看,人力资本论、人力资源会计以及人力资源的效果分析都已经进行过大量的理论分析与实证研究。

目前,人力资源管理对于企业的战略重要性已经得到理论界的公认,这得益于近10年来学者们所进行的一系列实证研究。早期的研究比较关注于单个人力资源管理实践对企业绩效的影响,如晋升制度、培训、薪酬制度、团队工作方式等,他们试图发现一种最佳的人力资源管理实践,它对企业绩效具有最强的影响,并且这种影响在不同企业之间具备普适性。之后,学者们认识到不同的人力资源实践之间存在各种交互效应,这种交互效应既有可能是互相削弱的,即企业实施一种人力资源实践反而会削弱另外一种实践对绩效的影响,也可能是相互增强的。学者们更为关注的是不同人力资源实践之间互相增强的交互作用,即不同的实践相互配合,它们对绩效的效应互相增强,当企业同时采用由这些人力资源实践组成"捆绑"时,它们对企业绩效的整体影响超出各种单一实践的影响简单加和的整体效应而达到最大。这意味着企业的人力资源实践是一个多手段、多层次的体系,体系间存在的集成和协同效应也是影响企业绩效的因素,这在很大程度上拓宽了对战略人力资源管理的认识。如在知识创新导向下,企业人力资源管理将呈现以下的新变化:① 人力资源管理的战略地位提升,知识的拥有者和载体——人力资源将摆脱资本的从属地位,成为企业的第一资源。传统的资本雇佣劳动将变成知识雇佣资本。因此,从战略角度实现人力资源管理的优化与绩效改进将具有举足轻重的作用。② 进行战略性激励成为重要手段,战略性激励成为企业优化人力资源管理的重要前提(李宝元,2003)。

随着人力资源在获取企业竞争优势中的作用日益受到重视和人力资源管理实践的不断发展,行为科学已渗透到人力资源管理的各个领域,特别是在目前比较先进的一些人力资源管理的方法和技术上,都体现出"行为化"的趋势,如在人员选拔中行为性测评方法的运用,在绩效管理中对行为性指标的关注以及在人力资源开发中注重行为改善等(武欣,2005)。HRM研究的管理学视点是从组织的角度来看待HR问题的,这意味着人们把HR问题当作组织行为问题去研究(廖昌荫,2004)。

基于知识竞争的多雇佣模式员工知识管理行为研究
Research of Knowledge Management Behavior of employee on Multi-employment Mode for Knowledge-based Competition

为了应对经济全球化、信息化、知识化等巨大变化,人力资源管理理论与实践的研究也在不断向前发展。国外从事人力资源管理研究的学者们已经认识到了全球社会经济巨大变化对于人力资源管理活动的影响,并开始进行了多方面、多角度的研究。目前国内学者对于新的经济、社会发展变化趋势和特征关注尚不多,缺乏对这些现象背后的科学问题更深入的科学认识。因此,下一步的研究工作应深入研究多变环境下企业人力资源管理实践背后的科学问题,找出科学规律,为国内企业发展提供科学的指导意见。

人力资源是知识资源的创造者、载体和管理者。在企业核心竞争力的形成和持续提升过程中,人力资源管理和知识管理发挥着相辅相成的配合作用(何德勇,2003)。对于知识在企业竞争优势获取过程中的作用机制的研究也有助于我们理解人力资源管理系统是如何起到促进知识竞争的杠杆作用的。

美国学者 Rudy Ruggles(1998)经过对美国和欧洲的 431 名企业经理人员的实证调查分析后得出结论,指出 56% 的企业经理人员认为"改变人的行为"是目前知识管理面临的最大困难,54% 的企业经理人员认为,知识传递的最大障碍在于目前企业文化建设跟不上知识经济发展的需要。改变人的行为是和企业人力资源管理政策实施运作密切相关的,同时,人力资源管理人员又往往是企业文化的培育者和保持者。这说明,没有一个运作良好的管理机制,就无法将个人的特点、技能与企业的需要有效地结合起来,从而也就不能真正调动员工的积极性和创造性、推动企业和员工不断奋进与创新,知识的创造传播与应用也就成了"无源之水,无本之木"。

何德勇(2005)发现人力资源管理和知识管理两者协同配合地经营着企业中的重要资源:人力资源、知识资源、企业文化和行为模式。HRM 部门辅助组织知识管理的实施,并与之互相配合,共同建设学习型、协同型的企业文化和组织行为模式。

基于知识竞争的人力资源管理方式和传统的人力资源管理方式最大的不同就在于,与关注员工做了什么工作相比,更加关注于员工对企业的核心竞争力做的贡献(Snell,Lepak,Youndt,1999;Drucker,1999)。正如德鲁克(1999)说的那样:"体力工作,任务总是给定的……而知识工作的关键问题在于,这个任务是什么?主要是因为,知识工作不像体力工作,它不需要对工人进行程序化管理。"这并不是说特定的工作和特定类型的知识无关,而是相对于高效地从事特定的工作,更加强调员工知识的杠杆作用。

传统上,心理学家和人力资源专家通过测量工作申请者的知识占有量,或通过能力倾向测验识别个体在某些方面的潜质帮助企业选择人才。此外,他们还善于为雇员提供他们缺乏的知识的培训计划(假定他们有学习资质)。但是工作正以不可预知的方式发生变化。准确地说出雇员在工作中需要哪一类的知识相当困难,而且也很难预测在将来的工作中需要哪种类型的知识。组织中的变化及不可预见性意味着,基于知识的资源如学习能力、个性品质如适应能力将会越来越重要(Gerhart,1996)。现在,仅仅希望通过选择有知识资源的员工,或通过提供培训机会或奖酬来增加他们的知识是不够的,组织还必须找寻新的方式将其资源发挥杠杆效应以保持竞争优势。例如,一个组织可能选择有高度知觉的员工或者训练一个有集体主义者价值观的团队,但是两种路径都不会给组织带来竞争优势。只有当组织选择或者开发这些资源,并且构造一个工作任务的结构、激励团队为组织做贡献的时候,才能获得竞争优势(Guzzo,Shea,1992)。

企业由于要专注于其核心能力的发展和培养,同时受到人力资源成本、雇佣弹性等方面压力的影响,传统的内部化雇佣模式正逐步被多样化的雇佣模式所取代。结合 SHRM 的观点,Lepak and Snell(1999)把一个企业看作是很多人力资源的组合,依照雇佣对象工作对组织目标实现的价值性和独特性,针对不同类型的人力资源类型,提出了基于工作的雇佣、基于知识的雇佣、合同员工和联盟伙伴四种雇佣模式。我国的一些学者从员工掌握的知识是一般知识还是专有知识的角度对人力资源进行分类,进而提出人力资源的内部化战略和外部化战略(程德俊,2003)。涂辉文(2005)指出,多样化雇佣在带来组织弹性、成本降低的同时,也带来员工承诺、组织忠诚度等许多其他问题。

1.2.3 SHRM 视角的知识竞争优势

由于人是知识的最根本载体,而人力资源管理的目的是开发和利用蕴含其中的知识和能力,知识管理和人力资源管理密不可分,所以在对知识获取、整合和利用等问题的研究中应该善于借鉴人力资源管理的研究视角和方法。

20世纪90年代晚期,人们对企业获取竞争优势的关注转向"知识"。这是因为一方面,知识的载体是"人","知识"及知识管理的研究显然应是 SHRM 研究的一个重心(颜士梅,2001)。SHRM 理论是变化了的组织内外部环境所催生的人力资源管理研究的一个开拓性领域,它也是一种新范式,使研究问题的视野发生了转变。

有研究高度强调了在以知识为基础的环境中一个公司的人力资源对于公司绩效的重要性(Hitt,Bierman,Shimizu,Kochhar,2001)。大多数关键知识资源存在于组织成员的知识、技术和天赋中。因此知识为基础的竞争优势在很大程度上取决于人力资源和人力资源的开发状况。

知识型组织的特征决定了获取竞争优势的途径必然是获取人力资源优势,所以说知识型组织获取竞争优势问题研究的最佳理论框架应该是 SHRM 理论。目前,SHRM 研究理论模型主要是指用于分析 HR 为什么是获取竞争优势的资源或 HR 如何获取竞争优势的相关理论。

20 世纪 90 年代中期,企业资源基础理论开始与 SHRM 研究相联系,为人力资源管理理论和战略管理理论的结合架起了一座逻辑桥梁(Boxall 1998)。相继有许多研究者利用资源基础理论分析了 HR 通过其本身特征或 HRM 实践可以成为获取持续竞争优势的战略资产。Coff(1997)等人发现,企业的人力资本经常被视为战略资产。原因一是人力资本不是在使用中消耗而是在使用中增长,二是人力资本是依附于具体个体的,并不能完全为企业所拥有,只有通过建构良好的环境,才能使其更好地发挥作用,同时良好环境的建构也能使其对企业具有黏滞性,也即增加了其转移障碍。所以对企业而言,如果 HR 拥有了人力资本优势,也就拥有了竞争优势。Paphael Amit & Monica Belcourt(1999)等人认为,HR 通过 HRM 过程获取竞争优势。HRM 过程根植于企业的文化和社会规范,并且是战略导向的,具体是指一个企业用来吸引、社会化、培训、激励、评价和酬劳其 HR 的深深嵌入的、企业专有的动态机制(Amit,Belcourt,1999)。Boxall(1998)提出了人力资源优势理论。根据其观点,如果组织竞争优势的获取来自于对组织人力智能的管理,那么组织就拥有了人力资源优势,也即组织通过获取人力资源优势而获取竞争优势。在人力资本优势和人力整合过程优势的获取中,人力资源实践起着关键性作用。人力资源优势最终依赖于其竞争对手的组织内利益整合和雇员发展的质量,Boxall 还认为人力资本优势和人力整合过程优势是互动的。角色行为理论认为,所有角色参加者的角色期待会影响组织成员的行为,有效的人力资源管理能帮助组织成员实现组织、组织边界及组织外的参与者的期待。战略性人力资源管理研究的学者们运用角色行为理论将人力资源管理活动分为人力资源哲学、人力资源政策、人力资源程序、人力资源实践和人力资源过程。他们认为,正是这些活动尤其是人力资源实践活动激励组织成员展示不同战略所需要的角色行为,而与战略匹配的角色行为是有效的角色行为。换言之,匹配于战略性人力资源管理活动所激发出来的相应角色行为是组织获取竞争优势的关键。

综上所述,战略性人力资源管理基本模型强调静态资源与动态管理过程的结合。

1.2.4 SHRM 视角下的知识员工雇佣逻辑

SHRM 观认为,在知识型企业里,只有通过获取知识员工人力资本存量优势和人力资本整合优势才能谋求企业竞争优势。在知识型企业里,价值创造和价值分配都围绕着知识来展开,企业的竞争优势依赖于企业开发和利用知识资产的能力,然而,知识必须以人为载体,知识员工具备学习知识和创造知识的能力,他们不仅是企业知识的最终源泉,而且还能利用科学技术知识改进企业绩效。另外,在知识型企业里,个体成长、工作自主、工作成就愈来愈为知识员工所看重,他们表现出更强的自主性、创造性、流动性,其劳动过程及劳动成果更不易监督和控制,因而在知识型企业里,知识对于企业战略的作用更多体现为知识员工对企业的战略作用,这就决定在知识型企业只有通过获取知识员工人力资本存量优势和人力资本整合优势才能谋求企业竞争优势。

获取人力资本存量优势,其实质表现为如何雇佣知识员工来匹配企业战略。根据 Lepak,Snell(1999,2002)的观点,与战略匹配的人力资源获取方式主要有两种:内部化获取和外部化获取,到底是采用内部化还是外部化获取人力资源,取决于其技能的战略价值大小和企业专用性程度如何。如果某类人力资源对于实现组织目标十分重要,那么组织就有动力对其进行内部化长期培训和长期雇佣,相反,进行内部化的动力就会减少转而倾向于外部化。同理,如果某类人力资源在劳动力市场上是充足的,没有多大的企业专用性,则企业就会倾向从外部劳动力市场直接聘用,反之就会投入更多的资源加以内部培养。

获取人力资本整合优势,其实质是在知识员工雇佣管理中,如何构建和管理与人力资源获取方式相匹配的雇佣心理契约的问题(颜士梅,王重鸣,2002)。由于不同类型的知识员工有不同的特质,企业获取他们的方式不同,他们对企业的期望以及企业对他们的要求亦不相同,因而雇佣心理契约的内容和结构必然与之相匹配,从而表现出不同的形态。

由此可见,SHRM 观为分析知识型企业如何通过雇佣管理来获取竞争优势架起了一座逻辑桥梁,它启示我们,组织内的知识员工各自有不同的战略价值和专用性,因而必须分别采取不同的方式来获取和雇佣,并与之结成动态多水平的雇佣心理契约,以保持雇佣管理模式与其他人力资源管理活动及组织战略的动态匹配,从而在满足各类知识员工期望的基础上实现企业的战略目标。

1.2.5　人力资源雇佣多元化动因

20 世纪 70 年代至今,激烈的市场竞争不但加大了成本压缩的压力,而且要求缩短市场反应时间和追求差异化市场竞争手段。这些变化大大影响了对人和对资本的长期固定投资,因为它们的投资价值消退得过快。其次,信息技术的应用也使得外部供应商更容易监控和整合,刘剑(2015)等学者也提出互联网时代对雇佣关系的影响,因此,现在大量的职能和工作都可以使用外包的方式高质量地完成。在这样的环境中,组织的人力资源雇佣模式正在发生着深刻的变化。传统以内部化为主导的人力资源雇佣模式渐渐失去了其原有的成本和效率优势,而逐步被多样化的雇佣模式所取代(王雪莉,2010)。非传统雇佣和传统雇佣相结合形成的企业多元雇佣模式在不断发展的过程中,给全球的雇佣实践领域带来了巨大的变化。据估计,全美国的公司每年用于多元化的培训投入就有8亿美元之巨。许多公司为了建立并保持一个多元化的员工队伍还采取了一系列与多元化相关的措施,如为不同员工制定的多元化管理手段,适应员工队伍多元化的灵活的工作安排,由公司发起组织的员工亲密小组等等。陈爽等(2014)对弹性雇佣在中小企业人力资源管理中的最新应用也进行了研究。可以预测,随着企业间竞争的加剧,雇佣方式的多元化格局不会改变,这一格局下的企业劳动关系将是一项长期的研究课题。

　　国内外学者对企业人力资源雇佣多元化动因展开了理论探索和实证研究。多元化雇佣是企业外部经营环境诸多重要因素发生重大变化的综合结果,因此,各学科领域研究者试图用各自学科理论对其内在机理进行解释,这些理论主要涉及经济学、社会学和战略管理以及人力资源管理等相关领域,主要有弹性组织理论(三叶草组织理论)、劳动力市场分割理论和交易成本理论。① 弹性组织理论是由Atkinson于1984年提出的,Atkinson(1984)指出,一种新型的公司结构模型——弹性公司模型正在形成,该模型隐含一个理论假设前提:核心人员是组织战略性资源,而外围人员是经营性资源。对核心人员应实施战略性管理,应将其内置化;而对外围人员则实行成本管理,通过交易型契约将其外部化。② 成熟的劳动力市场分割理论,即二元劳动力市场分割理论认为,劳动力市场在实践中可以被看作由两个部分组成——主要劳动力市场和次要劳动力市场,主要劳动力市场中劳动者收入高、工作稳定、工作条件好、培训机会多、具有良好的晋升机制;而次要劳动力市场中的劳动者的情况却完全相反。劳动力市场分割理论的贡献在于说明了公司采用雇佣多元化实现弹性的人力资源基础。③ 交易成本理论。罗纳德·科斯教授1937年在《企业的性质》一书中提出了交易费用的思想,阿罗、威廉姆逊、张五常、诺斯、马修斯等人在肯定科斯定义的同时,对交易成本进行了进一步细化和分析,为企业"自制"还是"外购"资源的选择做出了解答。如果企业自己去寻找合适工人的话,花在寻找、谈判、起草合同和监督方面的费用要远高于将这一切交给专业的中介公司去打理。不同学者的外包研究结果表明,根据交易成本理论,组织中非专长的人力资源活动一般更趋向于外包(汤莹,2006)。

　　关于实证研究,目前较为一致的研究结果包括:追求人力资源的数量柔性,提高劳动力的使用弹性;减少与劳动力和管理相关的成本,如人员薪酬、培训费用、甄选费用等;搜寻潜在的员工,在经过一段时间的"试用"之后,只将其中的一部分人员转为正式雇员,以提高员工招募和甄选的效果;规避与员工直接发生劳动关系方面的法律纠纷等(赵斌等,2012)。

企业多元雇佣的宏观动因与环境影响因素一般归纳为五点:经济全球化下失业率居高不下,低成本战略驱动企业经营活动,市场需求多变且迅速,劳动者组成发生很大变化和人力资源服务中介市场的兴起。企业多元雇佣的微观动因与组织影响因素主要有组织追求数量弹性、低成本、管理上的便利和技能上的发展(汤莹,2006)。

而且多元化雇佣的趋势已经蔓延到知识型员工群体。越来越多的知识型人员,如具有高技能的技术人员、专业人士甚至高级管理者,已经成为企业员工灵活雇佣的重要组成部分。从知识员工个体角度看,作为知识的拥有者和载体,知识员工可以不再像传统的雇佣关系一样依赖组织才能生存,这是知识员工临时雇佣的必要前提;暂时雇佣方式可以满足更具个性化的知识员工不同的生活和工作方式需求;另外,组织大量采用的暂时雇佣方式也迫使组织内的知识员工的观念发生变化,从"组织忠诚"转向"职业忠诚",成为临时雇佣不可忽视的雇佣来源。从组织角度而言,灵活雇佣知识型员工可以给企业带来许多竞争优势,如可以使企业获取自身缺乏的人才和技术,同时保持较强的人力资源配置柔性,在人员过剩时以较低的经济成本就可以摆脱臃余人员。

但是在管理实践中也带来一些问题,如何对多元化雇佣的企业知识型员工的工作效果进行有效管理,已经成为摆在许多企业面前的一项急需研究的课题(宇卫昕等,2009)。

1.2.6 SHRM 视角下最佳 HRM 实践的核心维度

Wright,Dunford,Snell(2001)认为战略性人力资源管理由以下三部分构成:①人力资源管理实践系统,包括组建员工队伍与工作设计、培训与参与、报酬与认可、评价与沟通。这实质上包含了人力资源管理的所有实践活动,同时又强调这些实践活动与组织战略、组织文化及其他相关实践活动的匹配,即强调了系统性。②人力资本存量,包括组织运作所需的知识、技能和能力。这些知识、技能和能力必须符合战略目标。③组织成员关系和行为,包括心理契约、组织公民身份。它不同于人力资本存量所强调的技能、知识和能力,而是强调人的自由意愿、认知和感情。它是人力资源实践系统和人力资本存量共同作用的结果,组织成员的知识、技能和能力只有通过人力资源管理系统才能体现为组织需要的具体行为,也才能真正为组织创造价值。要使这种行为出现并持续,就必须构建雇员与组织间良好的关系,培养组织成员的组织公民意识,使组织成员期望与组织的期望拟合。也只有如此,人力资源才能真正成为获取持续竞争优势的源泉,见图1-1(Wright,2001)。

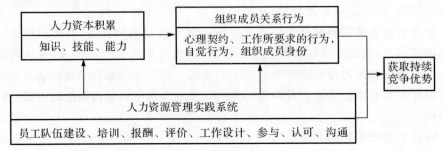

图1-1 战略性人力资源管理基本模式

一些学者在战略人力资源管理研究中采用竞争优势等类似于绩效的概念。MacDuffie指出,人力资源管理实践系统要能提升组织绩效,必须具备三个要素:① 员工必须具备相当的知识和技能;② 人力资源管理实践活动必须能够激励员工充分发挥他们的知识和技能;③ 必须能让员工自主地帮助组织实现目标(MacDuffie,1995)。Appelbaum在此基础上提出了著名的高绩效工作系统"AOM"模型(见图1-2),把组织绩效看成由组织核心要素结构派生而来的功能,而组织结构则是由员工能力(employee ability)、动机(motivation)和参与机会(opportunity to participate)三个核心维度构成(Appelbaum,2000),任何组织要提升它的绩效,必须致力于改善这三个维度。

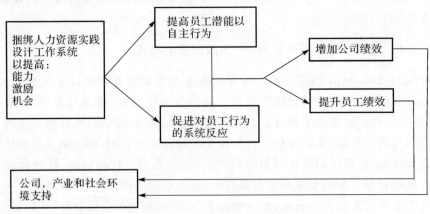

图1-2 高绩效工作系统

关于员工能力获取的研究、行为动机的研究及行为支持的研究述评见第4,5,6章。

1.3 本书的主要内容和研究思路

通过对上述文献的研究与比较,我们可得出下述结论。

(1)组织行为分析是知识管理的基础,然而这一点在当前研究中没有得到足够重视。实证调查表明"改变人的行为"是目前知识管理面临的最大困难。而人力资源管理的实践是一个组织激励和引导员工行为的主要方法(Schuler,Jackson,1987)。在开发支持基于知识的竞争的人力资源系统时,明确所需求的员工的行为是首要任务。目前,对不同的知识管理行为的探索散见于不同研究视角的文献中,缺乏知识竞争背景下对员工角色行为的整体考虑,对获取知识竞争优势所需要行为的系统科学研究不够深入。

(2)对知识管理与人力资源管理实践的内在联系、整合机制缺乏深刻的理解和分析。传统的HRM对解决以工作为重点的管理很有效果,却很难处理知识竞争条件下以知识贡献为重点的管理。以知识型员工为研究对象,研究人力资源某一具体功能的文献很多,但很少涉及多个人力资源子系统之间的协调、匹配和整合。由于影响知识竞争的人力资源因素复杂且交织在一起相互影响,目前缺乏对支撑知识管理行为的战略人力资源管理的系统研究。

(3)缺乏多雇佣模式下员工群体的协同管理研究。Appelbaum(2000)提出了著名的人力资源管理高绩效工作系统"AOM"模型,即任何组织要获取持续的竞争优势,必须致力于改善员工能力、动机和参与机会这三个核心维度;在基于知识竞争的环境中,传统的内部化雇佣模式正逐步被多样化的雇佣模式所取代。因此,需要系统地从HRM核心三维度的视角来看待多雇佣模式员工群体并研究其行为的协同管理。

对以上三方面的研究正是本书的主要任务。知识管理、人力资源管理研究和实践表明,以适应知识竞争过程并获取知识竞争优势为目标,人力资源管理应在战略优化导向下实现柔性化。具体表现在:面向核心竞争能力的人力资源集成化,面向动态环境的人力资源结构多元化,基本管理层面、产权制度层面、企业精神层面的综合战略性激励,以及基于多员工群体协同的关系管理等。

本书从明确知识竞争需要的行为出发,构建了知识竞争环境下人力资源管理的系统集成框架,对支持多雇佣模式下员工群体知识管理行为的能力获取、激励和实现机制进行了深入研究,涉及知识管理、人力资源管理、组织行为管理、战略管理等多个学科,属于当前前沿交叉领域的问题。研究目的是在实践中为企业知识竞争环境下的人力资源管理工作提供理论指导;在理论上,进一步补充和完善人力资源管理理论,拓展人力资源管理的研究边界。

1.3.1 主要内容

第1章导论。介绍本书的研究背景、研究意义,对国内外研究现状和存在问题进行了分析,简述本书的主要内容和研究思路。

第2章明确基于知识竞争的员工行为。在开发支持基于知识的竞争的人力资源系统时,明确所需求的员工的行为是首要任务。本书分析了企业知识优势形成的过程和机理,通过对绩效模型的梳理,提出基于知识竞争的绩效分类模型,导出为获取知识竞争优势而需要的行为。

第3章基于知识竞争的 HR 系统整体架构研究。利用 Lepak 和 Snell 的人力资源结构体系法,按战略价值和唯一性对知识进行分类,把企业看作是人力资本的组合,进而区分拥有不同知识的员工的个体能力、群体能力、能力组合和贡献管理。在此基础上,提出基于知识价值链的人力资源结构体系框架,平衡多种雇用模式的使用以优化知识的获取和使用,并为后续研究提供理论基础。

第4章员工知识管理能力获取研究。从获取一般知识管理行为的能力角度出发,以组织中个体能力获取和组织能力库存为研究对象,提出基于知识视角的促进多雇佣模式下知识管理行为的动态能力获取模型;开发能力预警分析工具来帮助组织评估和跟踪他们能力的变化,研究专业人员的保留问题。

第5章员工知识管理行为激励。对知识员工知识管理行为激励研究所需的理论基础、分析方法、相关技术做出较全面的提炼和总结,在此基础上给出一个较为系统的员工知识管理行为激励体系总体框架,提出一套较完整的知识员工激励的分析和改进思路。针对知识管理中的关键行为——知识共享行为的组织难题,分析了不同雇佣模式下的知识共享行为的影响因素和激励策略,给出知识员工雇佣关系的差异化管理策略和多雇佣模式下知识群体的协同激励策略。

第6章知识管理行为支持系统。从文化建设、组织结构建构和技术支持三方面探讨组织知识管理的支持系统的内容,重点探讨提高多雇佣模式下知识分享机会的三种途径:基于团队的组织设计、电子沟通系统和信任互惠的文化。

第7章结论与展望。概要总结本书的主要研究结论,并提出了未来的进一步研究方向。本书章节安排框架见图1-3。

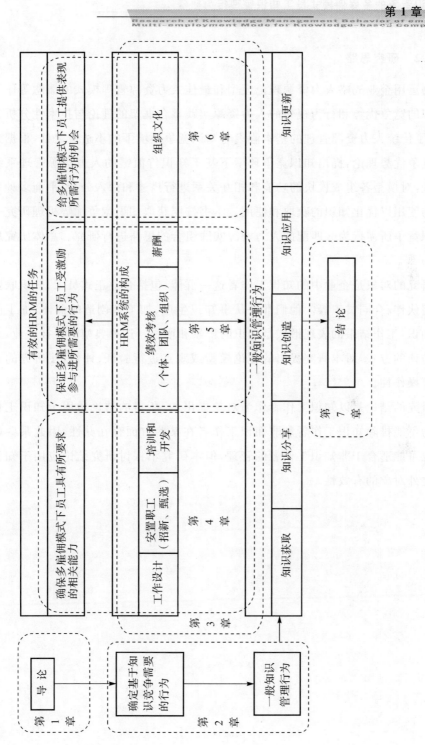

图1-3 本书章节安排框图

1.3.2 研究思路

本书运用企业战略人力资源理论模型和最佳人力资源管理模式的概念等作为基于知识的竞争优势和行为视角的人力资源实践整合框架的理论与技术性分析工具,分析了传统人力资源管理的基本假设与知识竞争环境下的不适应之处,根据人力资源竞争优势理论,提出知识竞争环境下基于知识价值链的人力资源管理系统结构模型,对模型各组成模块的功能和相互关系进行描述和深入分析,平衡多种雇佣模式的使用以优化知识的获取和使用。本书按照获取知识竞争优势机理研究—明确知识竞争所需行为—匹配的人力资源实践组合的思路进行研究。总体研究思路见图1-4。

本研究的对象是企业中的知识工作者这一群体,包括企业正式员工、知识联盟中的联盟伙伴、合同员工等。他们都是从事知识生产、加工和创造的群体,加工的对象是知识,工作结果的表现形式是知识的积累和增长。选择典型的科技企业,采用实际访谈的方式,对本研究提出的理论模型或观点进行验证、评估,使研究的成果具有可操作性。

本研究的结论是以知识工作者作为对象提出的,所得的结论适用于知识工作者。因为不能排除知识工作者和非知识工作者在某些方面存在共性,因此某些研究结论也可能适合于非知识工作者的管理,但本研究不探讨研究结论应用于知识工作者之外对象的有效性。

第1章 导论

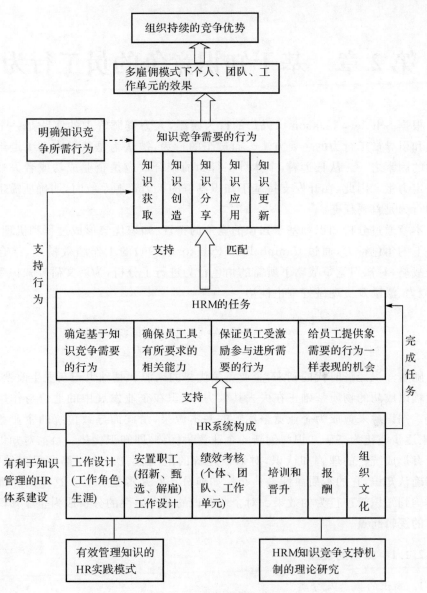

图1-4 本书研究思路

第 2 章　基于知识竞争的员工行为

根据 Schuler, Jackson (1987) 的行为模型,人力资源管理的实践是一个组织激励和引导员工行为的主要方法。而员工的行为,被认为是从根本上决定组织有效性的因素之一。从长远看,个体员工行为的聚合效应是企业成功或者失败的主要决定力量。因此,在开发支持基于知识竞争的人力资源系统时,明确所需求的员工的行为是首要任务。

本章通过分析知识和基于知识的竞争的特性、知识优势形成过程和机理、竞争战略下的角色行为,通过 Campbell 和 Pulakos(1999) 的工作绩效模型,结合知识竞争战略,对知识竞争战略下所需的角色行为进行了分析,为后文研究知识管理行为、能力、激励及实现做好理论铺垫。

2.1　知识竞争优势形成机理分析

随着知识经济时代的到来,企业竞争优势的来源和基础也正在发生改变,过去企业赖以成功的物质基础正在失去其效力,知识在企业发展中的地位与作用日益上升。知识愈来愈成为企业竞争优势的基本源泉,由此而导致传统的企业竞争优势,正逐步演化为基于知识与创新的企业竞争优势,即知识优势。目前对知识的概念没有形成统一的理解和认识,对知识理解的范围、层次、角度都有很大的差异。如何确认知识,它的本质属性是什么?如何分类?来源是什么?这些问题都将直接影响到知识管理行为的效果。对企业知识的基本属性的分析成为企业知识优势研究的逻辑起点。

2.1.1　知识的性质

1. 知识的概念及分类

知识本质上起源于智慧的思想,但在组织中,知识则不仅存在于文件与储存的系统中,也蕴藏在日常的例行工作、过程、执行与规范中。Davenport(1998)认为知识是一种流动性的综合体,包括结构化的经验、价值与经过符号化的信息等,专家独特的见解、新经验的评估、整合等等也都在知识的涵盖范围中。知识的这种无形性、流动性、直觉性给知识管理的认知带来了困难,人们对知识这一概念的理解,尚未达成清晰一致的意见(余光胜,2000)。

罗素把人类知识分成三类:直接的经验、间接的经验、内省的经验。直接的经验是指个人通过实践活动直接所得到的知识;间接的经验是指从他人或前人那里间接体验所得到的知识;而内省的经验则是指神学的或用中国人的话讲——"悟"出来的经验。

波兰尼将人类知识分为两类,即显性知识和隐性知识(波兰尼,2000)。显性知识是指能够以一种系统的方法加以传达的正式和规范的知识;隐性知识则是指高度个体化、难以形式化或难以与他人共享的知识。知识管理中的一个重要观点,就是隐性知识比显性知识更完善、更能创造价值。对隐性知识的挖掘和利用能力,将成为个人和组织成功的关键。

野中、竹内则在隐性和显性两类知识划分的基础上,借鉴彼得·圣吉学习型组织的理论创意,区别了个体知识与组织知识的概念,将知识分为个体知识、群体知识、组织知识和组织间知识4种,每个层次有都有相应的隐性和显性知识(夏敬华,2003)。

联合国经合组织(OECD)在《以知识为基础的经济》的报告中,将知识分为4种:① 知道是什么的事实知识(Know—what),是指可以观察、感知或数据呈现的知识,如统计、调查等等。② 知道为什么的原理知识(Know—why),包括自然原理或法则的科学知识。③ 知道怎样做的技能知识(Know—how),是指有关技术的知识或做事的技术。④ 知道谁有知识的人际知识(Know—who)。有了这种知识,员工在工作过程中,出现问题时能够很快地知道应该请教谁。这4种知识通常又分为两类:Know—what 和 Know—why 通常属于编码类知识,即显性知识;而 Know—how 和 Know—who 则属于隐含经验类知识,即隐性知识。

根据各种知识对企业的战略重要性程度、发展的潜力和发展的不同阶段,可将企业知识分成4种类型,即有前途的知识、核心知识、基本知识和过期知识(周海炜,2002)。有前途的知识是指那些仍处于萌芽阶段,但却无疑会引发企业重大经营变革的知识;核心知识是一个企业之所以不同于其他企业的标志,它们对企业的独特地位有重大影响;基本知识是指完成企业各种活动最必须和最基本的知识,这类知识在所有相似的企业中都是可以获得的;那些几乎不再被应用于经营过程的知识就是所谓的过期知识。

程德俊在研究中将知识分为两类,即能够低成本转移并没有特定使用环境的通用知识和难以编码,需要与特定环境相联系才能够产生价值的专用知识。通用知识一般包括科学知识、产品生产技术、能编码的产品和市场信息等。而专用性知识一般包括员工掌握的与特定时间地点相关联的知识、有关产品质量和技术改进的知识、员工操作和实践的隐性知识、与特定企业和岗位相关联的知识等(程德俊，2007)。

研究人力资源的学者按知识的获取途径和用途，认为人力资源是知识的载体，将知识分为一般人力资源、职业特有人力资源、行业特殊人力资源和企业专有人力资源。

这些对于知识不同角度的理解给了我们对于知识的一个基本认知，即知识并不是一种可以用非常明确的方式界定的东西，但不同类型的知识具有一个共同特性，即"Know"。从一般意义上说，知识应该是人们对客观世界的能动反应，它产生于人们对客观世界的认知过程，并被应用于人们改造客观世界的活动。

2. 知识的寿命

特定的知识和人一样，也具有生命周期。图 2-1 所示为整理自 Bowonder (2000)的知识生命周期曲线。

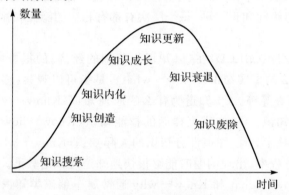

图 2-1 知识生命周期曲线

2.1.2 知识优势形成的过程和机理

根据其他学者对知识优势的研究文献(见 1.2.1 节)可知，他们分别从知识和知识管理的角度阐述了知识优势的形成过程和机理，本研究简单总结见表 2-1。

根据基于企业核心竞争力管理的知识层次，企业在不同的情况下形成各种各样的新思想，一些新思想进而发展成为有前途的知识，在适当的条件下，一部分有前途的知识又发展成为企业的核心知识，通过扩散和传播，这些知识被逐渐地广泛应用到企业的某一个部门，在应用过程中，这些知识会逐渐过时，不再被人们应用于经营过程中。企业知识的这种发展过程又被称为"企业知识生命周期"(见图2-2)。

我们可以将企业知识生命周期同核心竞争力的识别、外化联系在一起。从图 2-2 我们看到,企业核心竞争力从识别、形成、外化到最终产品的实现是一个逐渐展开的过程,由此在不同阶段形成不同特征的知识分类,包括有前途的知识、核心知识、基本知识等(周海炜,2002)。

由此,围绕知识生命周期的知识管理过程是我们后续研究的重点。

表 2-1 知识优势形成的研究内容概况表

知识优势形成的研究	
知识分类角度	企业独有知识、隐性知识、异质知识、知识存量的类型和特征
知识管理过程	知识积累、学习、利用
	蓄积内部知识、建立知识联盟
	知识获得、运用、积聚的有效制度
	将知识开发和利用上升至企业战略层面,获取新知识和有效利用知识、隐性知识整合
	深度信息交换
	组织内和跨组织边界知识获取
	路径依赖和历史依赖
	动态知识优势
	组织知识杠杆效大于个人知识效应

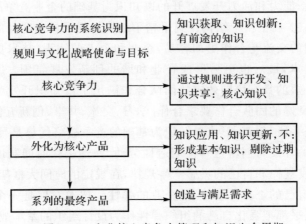

图 2-2 企业核心竞争力管理和知识生命周期

2.2 以知识为基础的竞争战略

知识经济时代的企业竞争主要是企业之间的知识竞争,因此也就出现了所谓的以知识为基础的企业竞争战略。

Zack(1999)认为,进入知识经济时代,企业已经越来越把知识看成是自己最有价值的战略资源。首先,以资源为基础的竞争战略强调企业应把自己的战略定位在具有唯一性的有价值的不可模仿性的资源——战略资源和能力上。

现代知识的高速更新、爆炸式增长,仅靠掌握静态的已有知识已经不能满足企业知识竞争的需要。此时,驾驭知识的学习、研究开发能力的培养就成了企业构造自己知识竞争优势的要点。

企业在实施以知识为基础的竞争优势战略时,还要面对企业自主开发知识与企业快速跟进学习和利用别人开发出的知识的抉择与平衡;企业内部知识开发与孵化和利用外部力量、借用他人的知识开发能力的抉择与平衡;这两对取舍替代战略各有利弊,企业可以根据自己的情况优而择之。

传统的企业设计与管理是根据技术要求来安排的,技术是中心,人的管理与安排要服从于技术要求。以知识为基础的企业战略管理模式则试图实现由以死技术为中心的管理模式向以活技术为中心、员工的创造力开发为中心的管理模式的飞跃,以形成充满活力的企业机体。学习(包括自学互学)、团队合作、精神创新激励是以知识为基础的企业竞争战略的核心要素(宝贡敏,2001)。

围绕企业创新能力和活力开发展开的以知识为基础的企业竞争战略模式主要有以下几项内容:① 扁平精干结构。扁平精干结构加强了员工之间的横向与纵向交流,使员工之间的交流与合作更加容易,企业和个人的知识、技术更易成为员工们共有的知识、技术,最后也更易形成企业和谐的创新发展氛围。② 团队合作。各有所长、取长补短的具有协同效应的团队合作满足了以知识开发为中心的创新型企业的要求。良好的团队合作要求合作、学习、交流、共享、创新五位一体,合作、学习交流、共享是手段,创新、形成以知识为基础的竞争战略优势是目的。③ 弹性工作时间。知识的开发与创新是一种创造性劳动,弹性工作时间制度使研究人员可以根据技术开发规律和自己的灵感产生规律,在规定的时间大框架内,相对灵活地利用时间展开自己的工作。④ 强化企业的弹性。技术发展是一个不连续的曲线,成功的企业几乎都把强化自己的组织弹性作为设计组织的基本战略思想,以期通过自己弹性的组织、不断调整的结构、充满活力的机体,形成技术发展的敏锐触角,领导或跟上技术发展潮流。⑤ 授权。授权是加大中低层管理人员的权责,减少企业的决策时间,提高企业对市场、技术的反应速度,扩大企业中低层管理人员乃至企业一般员工的自我实现空间,从而最大限度地调动其积极性创造性的手段。⑥ 关心员工、强调员工多层次的自我实现。在生活上解决员工的后顾之忧,在工作上给员工以发展空间,支持员工发展的新型战略管理也是企业吸引人才、培养人才、降低人才流失率的有效手段。此外,以集体贡献决定报酬,强调合作精神,尊重个人的创造与贡献,同时给各种"配角"以准确定位和应有重视,力图从根本上消除或减少合作中的冲突,最大限度地限制、消除"免费搭乘"问题已成为被人们普遍接受的知识型企业成功必备的战略思想。

此外,也有学者从其他角度提出知识竞争战略。吕海军(2003)提出知识竞争的专门化战略、多元化战略和合作化战略。他从"隐性—显性知识"的交互转换模式、知识平台建设、企业知识存量的评价和结构分析等方面探讨了知识专门化战略模式;从管理整合知识的作用、知识相关技术、技术多元化战略的搜寻过程、企业知识基础的扩展等方面探讨了知识多元化战略模式;从知识转换过程、知识转移博弈模型、知识合作网络构建等方面探讨了知识合作化战略模式。并指出,推进知识战略的对策包括知识管理系统建设、人力资源开发与激励制度建设、知识型层次网络组织结构构建等。易敏利(2004)提出两种基于知识优势的竞争战略:一是运用知识优势建立的进攻性竞争战略,即一个企业拥有受法律保护的排他性使用的知识资产,使企业在受到攻击时通过这种使用取得收益和获得优势;二是运用知识优势建立的防御性竞争战略,即企业通过拥有受到法律保护的知识资产来获取禁止其他企业在未得到授权的情况下使用保护的知识资产的权利,从而减轻竞争对手攻击的强度。

2.3 竞争战略下的角色行为

2.3.1 竞争战略下的角色行为

过去,高层管理者行为和企业战略匹配的研究得到了很多关注,然而很少有人关注组织其他雇员的行为和组织战略的关系(Schuler,Jackson,1987)。Randall S. Schuler 和 Susan E. Jackson 采用 Porter 的竞争战略框架,提出了三种竞争战略原型——人力资源管理实践(PHRM)组合,在探讨战略特性的基础上,描述了将竞争战略与人力资源管理实践连接起来所需的角色行为。

在开发竞争战略与人力资源管理实践之间的联系之前,需要考虑其合理性。这种合理性给了我们预测、研究、提炼、修正特定环境下竞争战略和人力资源管理实践的基础。理性的基础是为完成一个特定的任务需要考虑雇员的行为,实际上就是我们所说的角色行为。

基于大量的文献综述和二手资料,Randall(1995)给出了实施竞争战略时的几种角色行为。表 2-2 所示为雇员角色行为变化的几种维度,有助于我们详细描述不同的竞争战略下的雇员行为。

表 2-2 竞争战略下的雇员角色行为

战略要求	雇员行为
1. 高可重复的、可预测的行为	高创造性、创新性行为
2. 特别关注短期目标的行为	特别关注长期目标的行为
3. 高合作、互相依赖行为	高独立、自发行为
4. 对质量关注程度低	对质量关注程度高
5. 对数量关注程度低	对数量关注程度高
6. 很低的风险承受能力	很高的风险承受能力
7. 高度关注过程	高度关注结果
8. 对免责的高偏好	对承担责任的高偏好
9. 面对变革非常不灵活	面对变革非常灵活
10. 对稳定性感到非常舒服	对不确定性和模糊性具有高度忍耐力
11. 狭窄的技能应用	宽广的技能应用
12. 低工作卷入	高工作卷入

以创新战略为例,由于组织实施创新战略的目的是成为独一无二的生产者,因此必须创造创新条件。这些条件是可变的,他们可以是正式的办公室合作政策也可以是非正式的。根据 Rosabeth Moss Kanter(2004)的研究,创新可以起源于高控制下的人为的和官方的决策,也可以是中等管理控制水平下人们或多或少的"自发"用新方法来解决问题或应对变化的行为。为鼓励更多的员工创新,3M 公司有一项不成文的规定,即允许雇员腾出 15% 的时间开发自己的项目,鼓励员工提供新的或改进的方法用于他们自己的工作或制造产品。

总之,当公司追求创新战略时,雇员角色行为包括:① 高创新性行为;② 长期目标导向;③ 高合作、互相依赖行为;④ 中等程度对质量的关注;⑤ 中等程度对数量的关注;⑥ 对过程和结果的同等关注;⑦ 极高的风险承受能力;⑧ 极高的对不确定性和模糊性的忍耐力。

实施创新竞争战略时,对人员的管理包括选择高技能的个体,给雇员更多的自主性,使用最小的控制,在人力资源上投巨资,为试验提供更多的资源,允许甚至奖励偶尔的过失,绩效评估基于长远目标等。

寻求创新性战略的一个结果就是增强个人控制和士气,相对于所在组织,雇员更多关注自我和专业。因此,雇员和组织可以同时受益,Hewlett－Packard,Raytheon公司,3M公司,Johnson & Johnson公司,Pepsi公司等都是创新性战略成功的典范。

2.3.2 角色、角色行为与角色定位的社会化过程

1. 角色、角色行为及相关概念

组织行为学中的角色是指人们对在某个社会单位中占有一个职位的人所期望的一系列行为模式。

角色行为指人们按照特定的社会角色,即与特定的社会地位相适应的社会的规范和期待与他人发生联系的行为、活动。

角色知觉是指一个人对于自己在某种环境中应该做出怎样的行为反应的认识。

角色期待是指他人对处于某一特定情境的人应该如何行事的客观要求。

角色冲突当个体面临多种角色期待时,就可能会产生角色冲突。

2. 角色定位的社会化过程

角色定位的社会化过程是指群体成员适应角色要求、接受群体行为规范、符合群体发展需要的过程。任何一个群体成员在群体中都担任着群体赋予的一定的角色,群体成员在群体中所处的地位以及与这种地位、身份相一致的一整套权利、义务的规范和行为模式,是群体对具有特定身份的人的行为期望,构成了群体的基础。社会群体就是由群体角色间的相互联系所构成的。

在群体内,成员适应角色、接受群体行为规范、行为模式的过程就是群体的社会化过程。它包括两个方面:一方面是个体自身在群体中适应环境,学习群体文化,学习担任社会角色,把自己同所在的群体、组织一体化,成为符合群体要求的社会成员的过程;另一方面是群体要生存与发展,必须使群体新陈代谢,使新的成员不断接受群体价值观念,学习各种知识、技能和行为规范,使群体具有向心力和凝聚力。

2.4 绩效模型和基于知识竞争的绩效维度

在明确基于知识竞争所需要的员工行为时,除了知识竞争优势获取的机理、竞争战略下需要的角色行为给我们以启示外,基于行为的绩效模型作为组织期望员

工所表现行为的导向标,也将起到积极的借鉴作用。在基于行为的绩效模型理论中,工作绩效被定义为与行为具有相同内涵,是依据个人的熟练程度或贡献水平,可以被观察或者被测量的人们的所作所为。

本节我们在介绍基于行为的绩效评定方法、绩效行为指标的获得的基础上,借鉴 Gampbell 和 Pulakos 等人开发的工作绩效模型,提出一种基于知识竞争的工作表现分类模型。

2.4.1 绩效模型

20 世纪 90 年代初,研究者注意到绩效并不是一个单一的概念,它的内涵不仅仅是传统意义上的直接行为结果,绩效也是行为过程,但它应该只包括那些与组织目标有关的行为。

从 20 世纪 60 年代至今,基于工作结果的非判断性绩效测量有其难以克服的局限,各种基于工作行为的判断性绩效测量方法相继开发出来。研究者运用行为分析的思路和方法对工作行为过程和结果进行了细致分析,由此发展出许多绩效模型。其中,行为指标的筛选成为研究的主要问题之一。

1. 基于行为的绩效评定方法

从 20 世纪 60 年代开始,行为主义心理学家开始对如何增强绩效评定的有效性这一问题产生兴趣,他们试图寻找和描述与职务有关的员工行为,并且认为这种与职务有关的行为应是可被观察、可被定义、可被测量的(Henderson,1984)。他们把基于行为的绩效维度定义成与绩效相关的行为和特征,并且可以通过关键事件技术来获得。20 世纪 70~80 年代开发出颇具影响的行为测量方法:如行为锚定等级评价法(BARS)和行为观察量表法(BOS)等。其中,行为锚定等级评价法被认为比其他的绩效评定工具有更好的和更公平的评定结果,因为它是把特别好或特别差绩效的叙述加以等级化,来建立行为锚定等级体系,并且每个等级尺度上都附带着相应的关键事件描述。

2. 绩效行为指标的获得

绩效评定的目标是区分人的绩效差别,尤其是区分从事同一职务的人的绩效差别。那么,如何从众多员工行为中筛选出那些能够反映出这种差别的行为指标就显得尤为重要。行为一致性模型认为过去的行为是将来行为的最好的预测源。因此,有效的行为指标往往是由那些对职务及其要求最为熟悉的人对一些代表好绩效和差绩效的关键事件的行为描述。

从基于行为的绩效评定方法诞生之初,研究者就试图去创造一种最佳的绩效评定工具,使它能够适用于所有的职务。绩效行为指标的内涵不断得到扩展。20

世纪90年代初,Borman和Motowidlo(1993)提出了关系绩效的概念,这些研究扩展了绩效行为指标的内涵,把那些职务说明书未明确规定的,但是会对组织绩效产生重要作用的行为上升到绩效标准的高度,从而使传统的绩效评定由强调"个体—职位"相匹配的个体层次,向强调"个体—组织"相匹配的组织层次转变。

3. Campbell和Pulakos的工作绩效模型

对于工作绩效的结构,学者们进行了大量的研究。Campbell的绩效模型提供了在组织背景下理解绩效的全面框架。Campbell et al(1993)等人的一个重要贡献在于详细阐述了绩效的八个主要构成部分,一些能用来描述职业领域任何工作的绩效维度。这些绩效构成有:工作——明确任务的精通度(工作细化任务的熟练程度)、非工作——明确任务的精通度(工作非细化任务的熟练程度)、书面和口头表达能力、额外努力、自控力、维持团队绩效、领导能力和行政管理能力。自从这一分类出现后,先后有多位作者提出了绩效的其他详细描述,包括Borman和Motowidlo(1993),Ilgen和Hollenbeck(1991),Murphy(1989),和Organ(1997)等。Campbell(1999)指出这些作者所提出的这些绩效因素很容易作为子因素被集成到他的8种构成分类中,从而形成一个绩效潜在结构的分层描述。

Campbell(1999)也承认,他早期提出的工作绩效结构框架中的确遗漏了一个应该包含的重要成分,即员工适应新情境和工作要求的适应绩效。相应地,Pulakos,Arad,Donovan和Plamondon(2000)则对适应绩效进行了专门的研究,提出并检验了一种由八个子因素构成的适应性的工作绩效模型,将适应绩效区分为八个因素:创造性解决问题,排解工作压力,处理不可预测和非确定工作情况,学习新任务、技术和工艺,证明人际适应性,证明文化适应性,处理紧急和危机情况,身体适应性。我们认为适应性绩效对参与知识竞争的知识员工尤为重要,这是由于其在创造和应用知识的几个层面的重要性——例如创新、创造性问题解决,学习新知识领域和技术。在我们讨论参与知识竞争的知识员工的绩效要求时,Campbell等(1993)研究者和Pulakos等(2000)研究者的工作绩效模型将被作为参照。

本书在工作绩效模型和知识竞争战略的基础上进一步提出一种基于知识竞争的分类工作表现模型。

2.4.2 基于知识竞争的绩效维度

正如Campbell等(1993)研究者所关注的,去定义一个重要的表现因素和准确定义这些变量,需要对于不同工作、职业或角色评估情况下基于知识竞争的绩效含义有一个一致的理解。我们通过知识竞争文献的回顾,给出一个初步模型,这个初步模型可以帮助我们理解绩效的相关方面。Kelley和Caplan,Hargadon和

Sutton等作者在他们的文章中讨论了与知识竞争相关的绩效要求(Kelley,Caplan,1993;Hargadon 8 Sutton,2000),除了与技术能力相关的内容,他们又提出几个具有一致意见的论题:知识的建立和应用,知识的共享和知识的"保鲜"。他们围绕这三个主要论题构建了一个基于知识竞争的绩效的假设模型,并将其与文献中的绩效模型相联系(Campbell et al,1993;Pulakos et al,2000)。

1. 创建和应用知识

知识竞争绩效的一个关键方面是能够建立新知识(创造和创新),应用知识解决问题和将这些努力转化为市场上有竞争力和吸引力的产品和服务。实际上,几个研究者已经讨论了组织为获得竞争优势,强化人力资本创新绩效的重要性(Amabile,1988;Devanna,Tichy,1990;Shalley;1995)。雇员的创造和创新过程包括开发新的有用产品、思路和程序,识别员工是如何将老点子用于新领域和新的组合(Hargadon,Sutton,2000)。除了产生创新想法和技术创新以外,绩效因素的另外一个重要方面是理解顾客需求和新产品和服务在市场的定位。

知识的建立与应用的行为化的定义见表2-3。该表囊括了Campbell(1993)等研究者和Pulakos(2000)等研究者的绩效表现模型的维度的内容。尤其值得关注的是,这个维度包含了Campbell等研究者的工作细化任务的熟练程度和Pulakos等研究者的创造性解决问题和处理不确定、不可预测情况的内容。在基于知识的竞争情境中,这些维度具有天然的联系,但在其他类型的工作或环境中则不然。因此,我们相信表2-3中定义的这些维度的组合唯一描述了基于知识竞争的绩效领域中的绩效维度及其子集。

2. 共享知识

第二个基于知识竞争的绩效维度是共享知识。许多关于知识竞争和创新的讨论都强调了分享或传播知识给他人的重要性(Roberts,Fusfeld,1982;Hargadon,Sutton,2000)。例如:在一个对创新性专业人员的研究中(Kelley,Caplan,1993),利用网络交换信息被视作干好工作的"法宝"。网络可被视作一种物物交换系统,在该系统中个体需要建立自己的专业领域并通过与他人进行知识共享证明他们的价值。一旦他们以这种方式表明自己的价值,他们被获准接近知识网络。为留在该知识网络中,他们不得不维持一种贸易平衡,在网络上,一个人提供帮助或信息给其他人,则他就能从其他人处获得知识或专门技术。

显然,建立和维护这种网络不必以这种精确的方式工作,但重点在于发展这种与他人基于获取和分享知识目的的关系。在基于知识竞争的情况下,工作范围对个人而言往往太大,需要一个团队甚至需要借助外部资源才能够完成,绩效的这种特征是非常关键的。

表 2-3 中描述了共享知识的行为定义。这一绩效因素结合了 Campbell 等 (1993)研究者的两方面内容:书面或口头交流能力和团队协作能力。尽管团队和合作行为一般是与书面和口头沟通绩效分开讨论的,我们再次相信这些绩效方面在基于知识竞争的环境中有着不可或缺的联系。因为这种类型的人际和团队行为通常在需要与他人交换信息的情况下占一定优势。

3. 维持知识

与知识竞争高度相关的绩效的第三个方面是指持续的学习并更新知识以保持竞争性(Dess,Picken,2000;Hitt,2000)。因为当今技术进步和组织变革迅速,这个方面显得非常重要(Hesketh,Neal,1999)。有效的工作者能够预期将来的需要并通过不断学习新任务、技术、过程和角色适应不断变化的需求以维持他们的竞争优势。表 2-3 中描述了维持知识的行为定义,它演变于 Pulakos(2000)等的适应性绩效分类。

需要说明的是,我们并不建议知识竞争情景下的绩效超出这些现有绩效模型已经覆盖的领域,但是我们建议更关注这些绩效模型基于知识竞争的的某些特定方面。

表 2-3 基于知识竞争的三种绩效维度的定义

维 度	定 义
创造和应用知识	收集信息和通过该信息明确关键问题并获得对一情景或内容领域的精确理解;分析、整合数据并考虑"盒子之外"以创造新知识,增强知识基础,或形成解决方案;开发增强竞争优势的崭新的和创新的策略、方法、工具和产品;对竞争和市场需求做好预测和准备;开拓新技术来提高生产率与绩效表现
共享知识	用书面或口头形式自由分享知识与专业技术去帮助其他人达成目标;与他人高效合作以达成解决方案、创新或顺利实施;和其他专家形成高效的网络促进知识和信息交换;为他人的复用而归档、组织或获取知识;用一种有意义的方式包装和发布信息,这种信息是对口的、有说服力的并能有效地满足接收者的需要和期望
维持知识	对学习和发展知识有热情和好奇心;开发和保持能够明显增加工作产出的专门的知识,技能和技术专业技能;与最新方法和工作(知识内容领域)保持同步

2.5 知识竞争所需的角色行为

2.5.1 基于知识竞争绩效维度的一般知识管理行为

根据知识竞争的三种绩效维度的研究,本研究提炼出五种知识管理一般行为:知识获取行为、知识共享行为、知识创造行为、知识应用行为和知识更新行为。为了更好地对知识竞争环境中的员工知识管理一般行为进行管理,必须要了解这些行为的内在逻辑性和运行机理,并了解这些行为的影响因素。

1. 知识获取行为

知识获取是指组织或个人的知识收集活动,是组织或个人知识的来源。知识获取的本质在于知识量的积累。在企业的知识获取阶段,既要重视收集企业内部的知识,也要关注企业外部的知识;不仅要注意企业的主动获取,更要注意建立稳定、牢固、多渠道的知识提供源。知识获取的方式包括知识发现,但更重要的是学习。

大部分的学者都有这样一个基本假设:归根结底,知识是一种个人属性。如果知识是一种个人属性,那么组织为获得所需的知识有两个常见的选择,他们可以帮助员工获得所需的知识或他们能获得已经掌握所需知识的新雇员。通常,企业采用的一个简便方法是让员工通过培训和发展计划来获得知识。然而,在某些情况下,现有的员工可能缺乏所需的知识背景或能力去掌握必要的知识,或者员工掌握所需知识有可能花费太长时间,在这种情况下,企业可以使用兼并、收购、战略联盟和合同员工获得拥有恰当知识的新成员。

在知识来源方面主要有两类,一是零散在个人组织以及企业内外的各种资料和文档等显性知识,在这方面需要首先进行知识调查、确认,然后将其分类、整理并加以存储;另一类是隐性知识,它们需要经过一定的知识表示和挖掘手段才能显性化,当然还可以通过建立专家目录的方式,并借助专家定位的手段使这种个人化的经验性知识能为更多的人分享。比如,对产品信息、营销文档、建议书、竞争情报、客户信息、技术规格等显性知识可以按照一定的方法进行分类,并将其结果存放在计算机、光碟、手册、文件夹等存储器中。而对隐性知识如个人经验、专家技能或者是蕴涵在数据库、数据仓库中的知识,则可通过数据挖掘、知识挖掘、商业智能等技术将之发掘出来,从而提升企业整体知识的数量和质量。

组织为了获得新的知识而使用的策略,看上去很直接,但实际并不简单。因此,需要研究组织使用这些策略时面临的障碍并制定解决的方案去克服这些障碍。

例如,员工所掌握的知识的快速变化给培训计划的设计和实施带来了重大的挑战,特殊知识也是如此。开发这样的培训计划的时候,培训人员必须确认、编码和传递给员工的知识是最相关的有用知识。在知识密集的环境下,知识的内容不断变化,这种"填鸭式喂养"的知识,对员工很可能是低效率和无效的。相比给员工灌输知识内容,更合适的方法是发展他们获取知识的技能。拥有高效的知识获取技能的员工,可以鼓励他们自己明确他们的知识需求,然后再开发获取这些知识的个人策略。除了能更好地响应知识环境的快速变化之外,这种培训的方法,可能被证实是一种更有效地使员工获得潜在的隐性知识的方法,这些隐性知识往往可以决定一个企业的成败。

2. 知识共享行为

获取或创造知识对于一个组织在知识经济中有效竞争是至关重要的,但这些过程并不能保证成功。为了组织能最大化地从员工的知识中获益,知识必须被共享。知识共享促进了更广泛的学习,并最大限度地降低浪费资源的可能性,防止同一问题被重复地解决。

知识分享就是打破不同知识所有者之间的壁垒,实现知识在一定范围内的自由流动和自由使用。知识共享行为的内涵包括:用书面或口头形式自由分享知识与专业技术去帮助其他人达成目标;与他人高效合作以达成解决方案、创新或顺利实施;和其他专家形成高效的网络促进知识和信息交换;为他人的复用而归档、组织或获取知识;用一种有意义的方式包装和发布信息,这种信息是对口的、有说服力的并能有效地满足接收者的需要和期望。

在基于知识竞争的情况下,工作范围对个人而言往往太大,需要一个团队甚至需要借助外部资源才能够完成,绩效的这种特征是非常关键的。顺着这一思路,研究者开始分析智力资本与社会资本之间的相互关系(Nahapiet, Ghosal, 1998)。事实上,这里社会资本的概念重点在于将关系网络作为一种有价值的资源。顺着这一逻辑,分享知识的相关面是以一种对他人有说服力和意义并能满足他们需求的方式对知识进行组织、打包和公开。

一般来讲,企业可以通过以下几种交流方式来分享知识:第一种是人与人直接交流的方式,这也是最传统的知识交流的学习方式,如研讨会、学习会、企业培训等;第二种方式是通过网络进行交流的学习方式,如讨论组、聊天室、电子会议、电子邮件等等;第三种是利用知识库进行学习的方式,比如传统的利用图书馆的学习以及现代的 E-learning 等等。

知识分享最常见的方式是在企业内部的分享。一般来讲,企业总是希望尽量减少自己所掌握的知识流向外部,而且对于除了核心技术和关键财务资料外的大多数知识,企业总是希望员工能最大限度地掌握、最深刻地理解,这就需要从企业的各个角落里收集和理解"局部知识",把它们整合为客户所需要的整体知识,实现知识有效地在企业内部进行分享。企业外部知识的分享包含两方面,一是跨企业共享,二是企业与客户之间的共享。

现实中存在内部知识分享的障碍,除了职业安全考虑的因素外,还有对企业和同事的信用存在担心、习惯力量、惧怕丧失自己的专有技术所有权、没有意识到自觉地分享知识、企业缺乏员工知识共享所需的必要硬件设施等因素。

知识分享要解决的问题有如何建立和谐的知识分享文化和灵活有效的激励机制,促进不同知识在企业不同群体之间充分流动,减少知识生产的重复性投入问题,以最大的程度节约知识获取成本,并有利于知识的应用和创新。

3. 知识创造行为

针对基于知识的竞争,独特的知识是尤其可贵的。运用其独特的知识,企业能够提供竞争者无法匹敌的产品和服务。由于独特的知识的价值所在,创造性行为成为在知识为基础的竞争中取得成功的关键,已经被广泛认可。

知识创新行为的内涵包括分析、整合数据以创造新知识、增强知识基础或形成解决方案,开发增强竞争优势的崭新的和创新的策略、方法、工具和产品,对竞争和市场需求做好预测和准备,开拓新技术来提高生产率与绩效表现等。

知识创新是对原有知识的创造性变革和升级。知识创新是一个与知识获取和应用都密切相关的过程,从本质上来说,知识创新源于知识应用,也是知识获取的一种方式,是所获取的原始知识经过系统或人员的分析整合,最终形成新知识的过程。不同之处在于,知识创新同时实现了知识在量上的增加和在质上的改善。

Nonaka认为组织本身无法创造知识,个人内隐的知识是组织知识创造的基础,组织必须动员个人层次所创造的内隐知识,并将其扩大、累积成为组织的知识。经过组织环境的设计与动员,产生知识创造螺旋,将个人知识转化为组织知识。该过程由4个环节构成。① 社会化:经由经验分享,促进成员经验与心智模式的互动,达到创造内隐知识的过程,可通过建立正式和非正式的沟通机会达成。② 外化:利用适当的隐喻或模拟,将内隐知识转为外显知识的过程。如将成功或失败的经验如项目或产品,述之文字,并提供管道让其他成员参考。③ 结合:结合新创造的以及组织其他部门已有的知识,将观念以系统化方式结合为知识体系的过程。也就是将组织各部门的知识重新组合,而通过将既有的知识加以分类,可以激发新知识的产生。④ 内化:通过"干中学"的方式,将显性知识转化为隐性知识的过程。如构建"知识分布图",使组织成员在需要某种知识或遇到某种问题时,可以找到请教与学习的对象,以进行标杆学习,取得必要的知识。

由于知识创造的重要性,组织对创造性的培育就显得非常重要。可以通过工作设计来推动知识的创造,例如,将任务分配给团队而不是个人。组织可以通过教会管理人员提供开放型反馈、避免过度监视员工、创造一个支持性的氛围来增加创造能力。目前,组织知识创新的有关理论主要集中在隐性知识与显性知识的相互转化、基于愿景的知识创新和实践团队研究三方面。学者们主要从三方面对创新进行研究:作为过程的创新、作为产品的创新和以人为中心的创新。过程模型主要从创新过程主导了创新行为产生方面入手,而产品模型致力于创新行为的结果,认知模型则倡导人的认知、思维、个性等如何影响创新行为。Scott(1987)认为,创新行为是一个过程的集合,开始于问题认知和思维或方案的产生——既可以是新颖的,也可以是被采纳的,集中于个体寻求环境的支持,谋求建立一个支持共同体,终止于完成创新思维并应用于实践(马成功,2002)。

企业创新机制的建立和实施,要从企业文化、规章制度和管理方法等多个方面来考虑。朝气蓬勃、充满生机的创新型企业文化,鼓励创新、拒绝因循守旧的企业规则,以及提供高效的创新支持机构和基本设施,对于发挥知识创新机制的作用意义十分重大。

4. 知识应用行为

除非员工适当地运用他们的知识,否则在获取知识和创造知识上的投资将产生很小的回报。从知识的运用是一种主动的行为来看,员工不仅要拥有所需的知识,而且要认识到他们拥有所需的知识,被激励去使用它们,并且相信使用这些知识是可行的。大量来自团队的实验室研究证据表明,人们常常不能运用他们的知识来解决他们所面对的问题(Thompson,2003)。

知识应用就是知识从理论到实践的转化过程。当企业面临新的问题时,借助企业所掌握的显性或隐性知识,应用到实践之中以解决问题,为企业创造价值。因此知识应用是实现知识从知识形态本身到企业价值转化的"拐点"。

知识应用中还要解决知识的重复性使用问题。只有可重复使用的东西,才能产生稳定的效益,同样,知识重复应用的次数越多,效率就会越高,而且在重复使用中可以极大地促进知识的创新与进步。在知识复用中,一般的技术可以通过培训来实现重复使用,但业务处理规则等隐性知识的重复却未能被许多企业认识到。例如,市场促销行为包括市场调研、产品现状分析、公司内部资源分析、竞争对手分析等,如果可以重复,那么,会比简单的技能重复带来更好的效果。在管理成熟、运作规范的国外公司,业务处理规则作为重要的知识,在推动复用中发挥了积极作用。

成功企业都有一个共同的特征,即是对隐性知识进行充分的开掘和应用。如果企业不能成功地应用隐性知识,那么知识应用的工作效果是值得怀疑的。由于隐性知识更强调联系或关系,是主观的,所以隐性知识应用起来更加困难。企业中,每一个员工的经验和对事物的先入之见都是不同的,他们据此对工作任务得出的看法也就不同。企业克服这种困难的一个方法是,将不同职能部门和不同组织层次的人召集在一起工作。这些跨职能的团队中,不同组织层次的人员间通过密切充分的交流,往往能使隐性知识得到更好的整理和保存,进而为隐性知识的应用打开了方便之门。

但是知识利用往往是不自然的行为,在缺乏良好学习环境及有效促进机制时,员工的知识利用常常停滞不前。有鉴于此,IBM通过良好的企业文化与培训机制,有效地实现了公司知识管理中的知识利用环节。知识利用本就是企业建立知识管理系统的根本目的,知识管理过程就是改进知识利用、提高知识利用效果的过程。在此过程中,建立良好学习氛围与培训机制不可或缺,并且也是对知识的最大尊重。知识应用的管理,主要包括企业如何采取一整套的知识管理解决方案去实施知识管理项目,如何实现企业的变革管理等等。

5. 知识更新行为

知识的实时更新能保证企业所拥有的知识水平,始终与最先进的科技水平保持一致。

知识本身是有一定时效性的,知识更新是指企业随着所面临的外部环境和内部变化,对原有知识进行实时的更新和升级,用新的知识代替旧的知识,用更先进的知识代替过时的知识,始终保持企业的知识与所面临的环境相适应。知识稳定更新的机制,无疑会确保企业形成持久的竞争优势。

知识更新的任务包括:新知识对原有知识的替换,新种类知识的引进和实施添加。在新知识对旧知识的更替的过程中,涉及一个对新旧知识价值的评估问题,一定程度上,这也以通过知识测评工作来提供判断,因为知识搜集的成本往往是很高的,如果知识被人们轻易抛弃的话,经常会出现工作中再次需要时,它们已经无法找回的情况。所以新旧知识的处理中,要与知识测评工作结合,谨慎对待。

实现知识的更新需要两个方面的保证:一是人力等资源方面的保证,有效的工作者能够预期将来的需要并通过不断学习新任务、技术、过程和角色适应不断变化的需求以维持他们的竞争优势;二是必须有基础技术设备和相关软件系统。在人力资源方面,要有专业的知识管理人员和技术人员的良好配合来保证更新的实时实施。这些专业人员必须有良好的合作精神和知识整合的能力,能与各个方面的知识来源渠道保持良好的关系,将各个渠道送来的新知识经过分析整理后做出评价,并最终决定是否替换和更新原有知识。在基础技术设备方面,应用数据分析、挖掘和关联技术等一套设计良好的知识更新软件,将大大提高知识更新和替换工作的效率。

在下一节,本书就提出的这五种知识管理一般行为的合理性进行了论证。

2.5.2 行为分析结果的访谈验证

上述在文献回顾和理论论证的基础上提出了基于知识竞争的一般知识管理行为及其主要结构。为了验证这些推演出的行为,并为后续研究做准备,我们通过半结构化访谈的方式(见表2-4),对西安高新技术开发区的5家高科技企业的人力资源主管、一线经理和总经理进行了个人深度访谈,访谈对象及企业基本情况见表2-5。每次访谈的平均时间在2个小时左右,X1~X5各访谈1次,共访谈7人,每位访谈对象都被问及这些问题,但可以根据问题回答情况随机继续提问。在访谈过程中,作者非常重视双方信任关系和良好氛围的建立和维持,每次访谈结束后,将详细的记录整理成文,录入计算机形成文档。

表2-4 访谈采用的半结构化内容提纲

1. 介绍自己和访谈的目的。
2. 了解公司的背景资料。请谈一下贵公司的知识管理工作和人力资源管理工作开展如何?
3. 请您谈谈贵公司的知识竞争优势。你认为公司的知识竞争战略是什么?
4. 为获得持续的知识竞争优势,你希望员工表现出什么样的行为?请举例说明。
5. 业绩好的员工经常有哪些表现?请描述关键事件。
6. 业绩差的员工经常有哪些表现?请描述关键事件。
7. 您认为什么样的人力资源实践对期望的员工行为有促进作用?请举例说明。
8. 总结。还有没有我们讨论中漏掉的因素。

表2-5 访谈对象及企业基本情况

公司代码	企业性质	主要业务	访谈对象
X1	中外合资	程控交换机、微波传输	人力资源副总
X2	民营	外包软件开发以及CAD/CAM软件开发	人事经理、总经理
X3	民营	电机控制系统集成	研发主管、董事长
X4	民营	航空维修设备设计及制造	人力资源主管
X5	中外合资	新材料开发与生产	总经理

访谈结果表明,在知识密集型企业,为获取知识竞争优势,无论是知识来源、能力获取还是其他知识管理活动,通过管理者对员工知识活动的分析,来确定那些导致工作成功和失败的行为,从而形成一个行为列表,再让这些管理者从中选出与特定的绩效维度相关的行为。作者通过频数统计的方法来归类内容相似、彼此相关的行为,从而形成特定的行为组合。结果表明,管理者们为获得持续的知识竞争优势所希望员工表现出的行为与本书提出的五大类一般知识管理行为的内涵基本吻合。

知识管理的行为模式是知识管理和人力资源管理理论的重要组成部分,是对已存有的管理范式的必要补充。我们对知识资产获取、创造、共享、应用、更新等行为机理分析及模式进行理论与实证方面的研究,能够帮助企业改进已有的知识管理范式和人力资源管理范式。

2.5.3 一般知识管理行为和特定知识管理行为

根据我们前面的理论推演及多数管理学者的观点,知识竞争需要两种行为:一般知识管理行为和公司特定的知识管理行为(Susan,2003)。

针对有效的知识竞争的一般性知识管理行为有获取知识,创造知识、分享知识、应用知识和更新知识。公司特定的知识管理行为反映了特殊的目的和环境,是特定于某一企业、行业或市场的知识管理行为。

本书研究的重点是知识竞争环境下基于知识高度密集战略的一般性知识管理行为。另外,虽然在知识型员工中支持这些行为很重要,对于一个想要在知识经济中获得竞争优势的公司而言,管理知识的需求超越了这个特定的群体扩展到公司所有的员工。

对于任何特定企业的一般性知识管理行为,一些行为可能会比较重要,其他可能不太重要。例如,对于一家以创新产品和服务为基础争夺顾客的企业来说,获取知识和创造知识,可能是更为重要的。对于以提供高质量的产品和服务从而满足顾客的企业可能会发现,因为企业需要渐进式改进,知识共享和应用更为重要。实行兼并和收购策略的企业可能优先考虑在各个子公司之间进行知识共享。

另外,企业最有价值的知识管理行为的轮廓,可以作为一个确定具有相似目标的组织的基础,这些目标可以通过其人力资源系统来达成。根据其行为的知识要求来对企业进行分类的能力,对于研究和实践都是有用的。例如,评价行为轮廓程度的战略管理的研究,可预测未来的战略走向。在实践中,管理者评估异同行为的能力,对于评估潜在的联盟伙伴的吸引力和选定作为基准参照学习的企业将都是很有用处的。

第3章 基于知识竞争的HR系统整体架构研究

成功的企业知识管理,来自于人力资源管理的良好支持,因为知识管理的优势,来自良好的组织文化和结构,以及员工愿意创造、分享并应用知识。在新的知识经济体中,人力资源管理的角色,已超越传统的雇佣关系、劳工关系、工资福利等行政事务,趋向组织变革的推动者及企业的策略伙伴,跨入管理知识及创造知识,以强化竞争优势。

本章主要从知识视角出发,探讨组织是如何获得和管理人力资本的。首先,探讨了知识竞争中HR优势的获取机理,重点分析了知识视角下的HR多雇佣模式。最后,就HRM实践与知识管理行为管理进行了分析,提出基于完整知识价值链的HRM系统整体架构。

3.1 人力资源系统

从系统的观点来看,企业的人力资源系统包括两部分,一是企业所拥有的人力资源,另一部分是人力资源管理实践。Wright等认为人力资源是企业的人力资本集合,包括员工的技能以及所表现出的对企业有益的行为(Wright,1994)。因此,从本质上来讲,人力资源并不是指企业所拥有的自然人,人只是这些技能和行为的载体。如果将这些技能和行为看作企业的一项资源,那么必然需要企业采取相应的措施对之进行管理,人力资源实践即是企业用以获取、维持和发展人力资本集合的人力资源工具。由员工技能、员工行为和人力资源管理实践所组成的人力资源系统如图3-1所示。

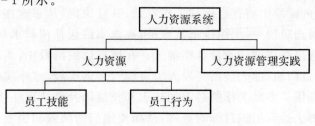

图3-1 人力资源管理系统

基于知识竞争的多雇佣模式员工知识管理行为研究

员工技能指员工所具备的知识、技巧和能力，通常简称为 KSA（Knowledge-Skills-Ability），被广泛应用于人才招聘和评估领域。其中知识指人类知识的成果，是在实践基础上产生又经过实践检验的对客观实际的反映。OECD 将知识分成显性和隐性两种类型，显性知识指可以用语言、文字、公式、图表描述的知识，隐性知识指难以用逻辑系统的方式条分缕析，因人而异，并且只能通过经验来获取的知识。知识并不一定只存在于个体的记忆中，比如显性知识也可能以书籍、光盘的形式存在，但技巧和能力却在物理上同个体绝对不可分离，它们属于内化了的个体特征。当然，通过学习新的知识，个体也可能获得新的技巧和能力。

行为指个体通过从生活经历中学习，根据他对不同情景的理解而形成的重复性"脚本（Script）"，每个脚本都对应个体期望在特定情景下出现的一系列事件。当类似情景再次出现时，存储在个体记忆中的相应"脚本"就被唤醒，个体就表现出与期望相符合的态度或行动（Abelson,1976）。在同一个组织中，由于个体经历相同的组织情景，因此，他们记忆中的行为"脚本"就非常接近，当出现类似的情景时，不同个体就会在行为上表现出某种程度的共性，这种共性为企业文化的形成提供了基础，构成企业协调机制的一个组成部分。此外，有一些学者根据个体的内在因素来解释个体行为的一致性，比如认为人格是导致个体行为一致的原因等。

对于人力资源概念来说，仅仅包括员工的技能是不够的，还必须考虑员工是否表现出相应的行为，正如 MacDuffie 所说"在缺乏激励的情况下，拥有技能的员工不可能有意识地为企业做出贡献；但对于受到激励的员工来说，如果不具备技能，他们有意识地做出的贡献也对企业绩效几乎没有任何作用（MacDuffie,1995）。"因此，激励将员工的技能和行为联系起来，通过激励，可以将"能够做"转化为"愿意做"，如果员工确信个体利益同组织利益存在高度的一致性，他将非常乐意运用自己所具备的技能去提升组织的绩效。

人力资源实践指企业用于管理人力资源的一系列工具或活动，劳伦斯将人力资源管理区分为挑选前、挑选中和挑选后三个阶段，这三个阶段共包含 8 项最为基本的人力资源管理实践（劳伦斯,1999）。其中挑选前阶段涉及规划实践，组织必须决定，在即将来临的阶段中将存在何种工作空缺，并且决定，从事这些工作必须要有什么资格。在挑选阶段中，组织挑选其雇员，挑选实践包括招聘求职者、评估其资格以及最终挑选出那些被认为最合格的人。在挑选后的阶段中，组织为有效地管理那些已经"跨过门槛"的人员而开发人力资源管理的实践，这些实践旨在通过为公司的雇员们提供从事其工作所必需的知识和技能以及创造那些将激励、指引和促进雇员的努力去达到组织目标的条件，从而使他们的绩效和满意度达到最高水平。斯坦福大学教授 Pfeffer 以"广泛地阅读流行的和学术的文献、与各种行业的公司人员谈话以及使用常识"为基础,辨识出能提高一个公司的竞争优势的16种人力资源管理实践,包括就业安全感、招聘时的挑选、高工资、诱因薪金、雇员所有权、信息分享、参与和授权、团队和工作再设计、培训和技能开发、交叉使用和交叉培训、象征性的平等主义、工资浓缩、内部晋升、长期观点、测量实践,以及贯穿性的哲学等。Schuler,Jackson(1987)提出了人力资源六方面实践的菜单,基本可以涵盖上述16种实践。

管理者应该清楚对员工行为的正确期望。然后注意识别员工做出了哪些符合期望的行为,做出了哪些不符合期望的行为。对于员工做出的正确的符合期望的行为要及时给予强化,使这些行为重复稳定地出现;对于员工做出的不符合期望的行为,要及时加以矫正。HR实践、知识管理行为与知识竞争优势的关系如图3-2所示。

图3-2 HR实践—知识管理行为—知识竞争优势关系图

3.2 知识竞争中HR优势的获取

3.2.1 知识竞争中的HR挑战——个体层面的分析

就人力资源个人层面的分析而言,最重要的就是要认识到知识有几种不同的形式。大部分人拥有一定程度的一般知识和公开的知识,经济学家们称之为一般的人力资本。正如Hill(1996)提到的那样,公共知识"存在于公共领域之中",在各种行业的企业中应用很广泛。

员工同样也拥有职业专有人力资本,这种知识一般通过专业群体或协会编撰形成的共同知识体获得。

个人也有可能拥有某种特殊行业的知识——行业特殊人力资本。虽然他们仍在公共范围内,但是独有和行业特殊人力资源应该和单纯的一般人力资源区别开来。这些领域的知识组织起来并建立一个知识的体系,从业者为了获得认证和在领域内获得合法性必须获得这些知识。和一般的人力资源不同,并不是所有的员工都有希望获得具有相当水准的这类知识。更多情况下,相对于获得具有贡献性的行业和独有的知识的员工相比,获得拥有工作所需的一般知识(基本的数学、阅读、写作、人际交往等)的员工要容易得多。

企业特殊知识主要局限于一些特殊企业的应用,正如交易成本经济学(Williamson,1975)提到的,公司特殊知识和资产仅仅在一个特殊的企业里才有使用的价值。Matusik and Hill(1996)把这归为私人知识,"这些只以公司的独有程序、过程、文件或商业秘密的形式存在"。

虽然存在形式迥异的知识,但事实上员工并不单单拥有一种知识,他们更多的是利用上述4种中的某些知识来为企业做贡献。如图3-3所示(Lepak,2003),通过考虑人们为企业做过贡献的每一种知识彼此的相关程度,我们描绘了一幅人力资源知识轮廓图。例如,一个新来的工程专业的大学毕业生(员工A),他更多是运用自己大量的一般知识和适量的专业知识,而很少使用行业知识和企业专有知识。另一个员工(员工B)则利用大量的专业的知识而很少依赖一般知识、行业和企业特殊知识。第三个员工(员工C)主要利用他的丰富的企业特殊知识和深入的行业知识而很少使用专业知识和一般知识。知识潜在的联合是不限的,特殊的知识轮廓对员工管理来说有两种主要的含义。

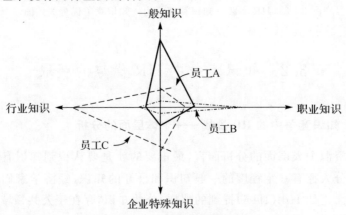

图3-3 人力资源拥有的知识轮廓

1. 能力的流动和保持

就个人层面来讲,基于知识竞争的人力资源的第一个挑战是员工的变动率(Teece,Pisano,Shuen,1997),它将对员工的知识和技术在不同情境下的可转移性有着直接的影响。通常来说,个人的知识表现为更少的企业特指性和更多的一般性时,变动率的威胁加大(Galunic,Anderson,2000;Williamson,1975)。人力资本理论和交易成本经济学表明企业在人力资源上的投资并提供职业安全保障是为了使投资转化为本企业特有的知识、技术和能力。换句话说,企业向员工提供保障和奖金是想换取他们较低的流动率。

此外,当员工的知识范围从一般知识向行业知识或独有知识或企业特有知识转变时,员工更倾向于减少流动率。如图3-3,员工的知识界面处在上半方的比例越高,员工的流动率越大。同样的,拥有的知识处在知识边界的下方的比例越高,员工的流动率越小。因此,对于这三个假定的员工来说,员工A和B相比员工C有着较高的流动率。

2. 贡献和知识交换

对那些用企业特有知识做贡献的员工来说,虽然流动率的问题不是很严重,但是与他们知识共享的问题却很重要。Horibe(1999)提到:"智力资本只能邀请过来"。与财产和机器这些传统的资产相比,员工拥有他们的而不是企业的知识(Drucker,1999)。这就是人力资源的两难处境:知识是公司的资产,但这些资产存在于个人的头脑中,人们可以根据自己的意愿自由地使用它们。如果他们的雇员合作,组织能做的只是保护这些知识,进而发挥知识的杠杆效用(Coff,1997)。

由于员工知道的东西是企业唯一的,他们就会被足够的重视,在试图鼓励他们共享他们的知识时,一直存在着内在的两难境地(Coff,1997;Hansen,Nohria,Tierney,2000)。从员工的角度出发,分享自己的私人信息就像企业将自己的专利信息和行业分享一样,这样做会降低专有信息的价值。因为在知识情景下,信息就是力量,员工们可能不愿意与人分享,除非有一定的激励机制促使他们这么做,拥有企业特有知识的员工可能以此要挟企业以扩大他们有价值的资产(Davenport,Prusak,1998;Quinn et al,1996)。

正如图3-4所示的那样,与管理个人知识相关的两个基本的问题是彼此相反的,当个人知识中的一般知识的比例较大时就有高流动率的问题,当个人知识更多地变为企业特有知识时,又会出现知识分享的问题。

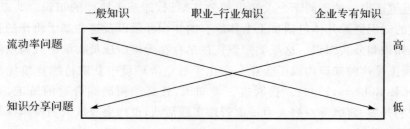

图3-4 与知识管理有关的人力资源

由图3-4可见,最大的挑战在于如何管理基于职业或行业特殊知识做贡献的员工的问题,他们的知识边界介于人力资源资本的(左边或右边)边缘,与招聘、保留和取代那些依赖自己的一般知识做贡献的员工相比,促使他们用这些知识为企业做贡献的工作更困难一些。拥有一般知识的员工可能流动性大一些,但是这些员工的流动率的重要性(成本)远远没有那些拥有职业和行业知识的员工要高。而且,这些人有效扮演他们角色的能力不依赖特殊的企业情景,即便这种能力对一个特殊的任务或者行业领域来说是很有限的。

在个人层次的知识管理方面,关键的研究问题是去理解针对拥有不同知识的员工使用不同的人力资源实践的含义。如果员工学习企业特有知识且流动率很低,什么东西可激励他们这样做?同样,当一些员工掌握了一些对他们竞争对手有重大价值的职业知识和行业知识,企业将怎样鼓励拥有企业专有知识的员工留下来并与他人分享他们的这些知识?哪些人力资源管理实践的组合对鼓励知识共享最有效呢?本书的第4章主要针对员工的流失率对能力获取的影响进行了研究,第5章主要针对多雇佣模式下的人力资源的知识分享进行了研究。

3.2.2 知识型企业 HR 优势的获取

1. 知识型企业的界定及特征

本书所指的知识型企业,是指以知识为基本生产要素,知识型员工在企业中居于主导或主体地位,对知识进行生产、加工和分配,为知识创新提供良好的组织基础的企业形态。从外延上看,知识型企业可以是知识性行业,如管理咨询公司;也可以是高科技行业,如信息产业类企业;也可以是进行物质生产的制造业企业,还可以是从事商业、旅游、通信等的服务业企业。总之,知识型企业不是由企业的行业性质所决定,而是由知识在企业中所处的地位及作用而决定的。

2. 知识是知识型企业内部流动着的最关键的资源

由于知识型企业的生产经营活动不可能由单个人运用单一类型的知识来完成,而需要拥有不同类型知识的专家协同努力。这种协同努力不仅创造出个人知识,而且创造出一种不同于个人知识的公共知识,即基于协作的知识。所以,知识型企业的知识资源具体包括员工个体原有的知识存量以及这种基于协作的新创造的个人知识和公共知识。这三类知识往往是存在于组织成员头脑中或高组织语境知识,而正是这种知识构成了企业在变化了的竞争环境中获取持续竞争优势的基础(Weick,Roberts,1993)。获取这三类知识,就必须招聘到合适的员工,并实施相匹配的开发、薪酬等系列人力资源管理实践活动,也即要获取人力资本优势和人力资源整合优势。

3. 知识型员工是知识型企业的关键成员

知识型员工是指在一个企业组织之中用脑力所创造的价值高于其体力所创造的价值的员工。他们一方面能充分利用现代科学技术知识提高工作的效率,另一方面他们本身就具备较强的学习知识和创造知识的能力(张向前,等,2006)。知识型员工一般具有自主性、创造性、流动性,劳动过程及劳动成果的复杂性、成就动机强、蔑视权威等特征,其核心特征是创造性。由于知识型员工是知识的源泉,所以成功管理知识型员工以激发其创造性对知识型企业的有效运作至关重要。他们以人力资源整合的系列活动为纽带,决定着知识型企业的适应性,并进一步决定着其在高风险、动态性环境下的生存与发展。因此,也决定其获取竞争优势的途径必然是获取 HR 优势。

4. 动态性和风险性

知识型企业价值的实现,是以新知识对整个社会潜在需求的满足为基础的(王俊娜,2001)。即不断创新的知识和技术是知识型企业获取竞争优势的直接资源。而随着经济的发展,知识创新和技术创新的速度不断加快,这就需要知识型企业所依赖的关键资源——知识——进行不断更新与创造。而这也决定了知识型企业的高风险和动态性。高风险、动态性要求企业获取和开发具有高度适应能力和创新能力的员工,也即要求获取 HR 优势。

概言之,知识型企业的三个特征以拥有知识型员工为核心特征,共同决定了其获取竞争优势的方式是获取人力资本优势和人力整合过程优势(见图 3-5)。

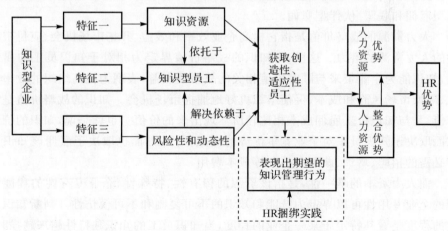

图 3-5 知识型企业获取竞争优势的途径

3.3 知识视角下的 HR 多雇佣模式

3.3.1 Lepak & Snell 的人力资源结构体系模型

传统上,人力资源管理领域被视为是对工作而不是对知识的综合分析。从工作管理向知识管理的转变将在人力资源管理的研究和实践中具有很重要的意义。因为企业越来越依赖不同类型的人力资源提供他们所需要的知识和技术,研究如何管理整个系统比仅研究一个雇员群体更有效。Lepak 和 Snell(1999)提出的人力资源结构体系法是一种研究问题的思路,即把一个企业看作是很多人力资源的组合,这些人员使用不同类型和级别的知识完成工作。一旦这个差异确定之后,我们就能够定位知识员工的管理和其他类型的员工管理的基本问题。

结构体系法也假设组织可以吸收一些人的知识,这些人没有必要是企业永久员工,而更多的是那些临时的员工(Lepak,Snell,1999)。依靠外部劳动力可以使企业获得那些代价高昂的又在内部很难开发的技术,相对于频繁地雇佣和解雇员工,企业更愿意使用那些临时工来迅速增加需要配置的工人数量和他们掌握的知识技能的种类。

依照雇佣对象工作对组织目标实现的价值性和独特性,针对不同类型的人力资源类型,Lepak,Snell 把企业雇佣模式分成了 4 类:知识型雇佣、工作型雇佣、合同型雇佣和联盟/伙伴型雇佣。

人力资源的战略价值是指它提高企业效率和效益、开拓市场机会、应付市场威胁的人力资源的潜力。这里,把知识的战略价值界定为相对于知识员工的雇佣成本,知识能为企业带来与顾客价值相关的战略性利益,表现为提高组织的效率和效能、降低市场风险和成本、促使组织更好地捕捉市场机会。知识的战略价值是相对价值,是与知识员工雇佣成本相比较所体现出来的价值。也就是说,知识的价值一方面取决于知识员工对企业竞争优势的贡献,另一方面也取决于雇佣该知识员工所必需的招聘、培训、薪酬和福利等成本费用。

而人力资本的唯一性,是指该资源的稀有性、特殊性、企业专有性的程度。知识的企业专用性可以界定为技能和知识的不可复制和不可模仿性。判断知识专用性的程度是看其特定于某一企业的程度,当知识员工的知识独特性越来越强时,意味着这些知识的专用性程度高。知识的企业专用性有利于企业差异化竞争战略的实现(Collis,Montgomery,1995),能为企业赢得竞争优势(Williamson,1975)。其人力资本雇佣模型见图 3-6。

第3章 基于知识竞争的 HR 系统整体架构研究

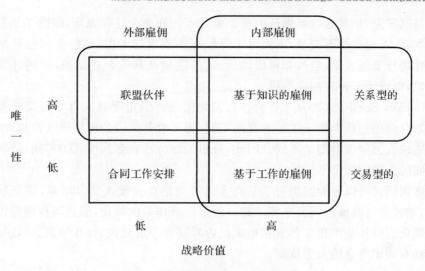

图 3-6 人力资源特征和雇佣模式

第一象限为基于知识的雇佣,即知识型雇佣。他们掌握着企业的核心知识,具有高的战略价值和企业专用性,他们给企业所带来的战略性收益远远超出雇用和开发他们的管理成本,构成企业的核心竞争能力,如 3M 公司的研发专家、沃尔玛公司的物流和存货管理专家等。对他们适宜进行长期的内部开发和内部雇佣,激励他们创新,促使他们从事特定于企业的学习活动,更多地参与企业决策,产生高水平的持续的组织承诺,并将组织承诺转化为更高水平的组织绩效。

第二象限基于工作的雇佣是指能够迅速从劳动力市场获得的、具有某种专门技能的员工,这种专门技能对各企业是通用的。公司通常并不对这类员工的技能进行投资,一般与他们签订全职工作合同,给予他们相对清晰的工作目标和明确的工作范围。

第三象限合同型雇佣指与外部员工签订合同,指派他们从事有限范围、有限目的和一定时期的工作任务。公司雇用他们完成一些特定工作但一般不会雇用他们为公司全职、长期工作。

第四象限联盟/伙伴型雇佣(Alliances/partnerships)指公司与独立的个体或外部组织之间建立持续的伙伴关系。联盟伙伴拥有独特性的知识,其技能在某种程度上是独一无二的,但是他们并不直接创造客户价值,通常是指那些从事基础研究的工程师和科研人员。与合同雇佣的员工有限工作范围不同,企业利用他们的专门知识和技术提供定制化的服务。因而,联盟伙伴的关系通常是长期的,并比合同雇佣关系有更多的相互工作交流。例如,AT&T,Intel 等公司的科学家,他们从事着基础研究,虽然这些基础研究是企业技术创新的火花和源泉,但由于他们的雇佣成本高,近期收益不明显,因而出于降低短期成本的考虑,这些公司已开始对基础研究进行重组改革,尝试和科研院所、高等院校及其他企业结盟,共同开发独特型知识,形成了一种新的雇佣模式。

Lepak,Snell(2002)从工作特性以及雇佣模式的角度对人力资源策略类型进行了划分。他们认为由于工作本身的不同,需要对其采用的雇佣模式也相应不同,从而造成人力资源类型的不同。因此,分析工作特性和雇佣模式的不同,就可以得出不同的人力资源类型。

雇佣模式可以分为组织对于某类人力资源是自我投入加以培养,还是从外部采购,或者是与其他组织共享等。第一种可以看作是内部化,而后两种则可以看作是外部化。群体是由很多具有相似知识边界或者一般知识、行业知识、职业知识和企业特有知识组合的人力资源。

3.3.2 雇佣模式的特点——员工群体层次的分析

不同于关注对员工的知识边界的理解,在群体层次方面,我们关注企业如何配置具有相似人力资源构成的员工群体,以使他们的战略贡献最大化。值得注意的是,我们无须论及拥有相同知识形式的个体,群体是由很多具有相似知识边界或者一般知识、行业知识、职业知识和企业特有知识组合的人力资源。

1. 员工群体能力的管理

人力资源的唯一性和高战略价值,使得它能基于员工的知识直接为企业的核心能力做贡献,这些知识主要包括员工知道的知识和他们如何利用这些知识做工作(Snell et al,1999;Purcell,1999)。基于唯一性,应该鼓励管理者更多地与员工建立持久的关系,使他们去发展企业特有的才能和贡献(Lepak,Snell,1999)。而对于战略价值而言,企业应该建立有关员工内部雇用的激励机制,更多去关注他们的发展和培养他们的知识、技能和能力,从而提高他们创造价值的潜力(Snell et al,1999)。因为核心的知识员工同时具有高价值和唯一性的特点,所以他们具有最大的可对知识竞争企业的成功做出贡献的潜能。

某些知识型的员工群体是很有价值的,但不一定是唯一的,基于此,管理他们所做的工作要多于管理他们对企业特有知识的使用。例如,销售人员和生产工人,他们经常被要求完成需要相当多的知识、技能和培训的工作。但是当要求这些员工基于一个标准化的知识领域去执行一系列的任务和行动为企业立即做贡献的时候,这时才能显示出他们与核心员工的差异(Lepak,Snell,1999)。这并不是意味着他们做的是很简单的工作,事实上,他们的工作也许是相当复杂的,并且是需要很多的知识和技能才能完成的。但是,虽然这些工作是有价值的,但对组织所要求的效果来说并不是唯一的。和企业的核心知识型员工相比(Snell et at.,1999),他们经常做的工作此企业与彼企业没有什么区别。

Lepak 和 Snell(1999)建议企业将那些范围、目的和持久性都很有限的任务外包出去。一个组织的非技术和半技术的职位通常都体现在这些领域,基于他们的低唯一性和高转移率,这些工人的能力是随处可得的。如果他们无价值可言时,组织通常不会采取有效的激励机制去内化他们的雇佣关系。因为这些员工的战略价值在降低,并且其必要的技能更像日用品,此时,外包的方式要比内部雇佣更有效率和效果(Snell et al,1999)。

在图 3-6 的左上象限中,我们发现一些员工拥有的知识、技能对企业的战略价值不大,但他们对企业来说又是唯一的。唯一性的人力资源(律师和顾问)偶尔被雇佣,以至于他们不值得花费内部雇佣的成本。或者说企业可能需要他们为企业做出潜在贡献,但是不能让他们加入公司内部。在这些情况下,Lepak 和 Snell(1999)建议企业可以与这些外在的组织建立动态联盟或者以合作伙伴的关系来合作完成一些任务或项目。顾问可能是这种形式的最好的例子,法律援助、税收建议、企业资源计划解决方案等等诸如此类也一样。虽然合同员工和联盟伙伴对企业而言是外部的资源,但是联盟伙伴依然被希望使用他们通常需要很长时间才能获得的独特能力上,合同工人依然被希望使用他们现有的技能去完成指定的任务或行动。

结构体系法的一个重点是雇佣决策不取决于特定的工作,而取决于人力资源在企业里被使用的战略价值和唯一性。虽然一个工作的称呼可能是一样的,但是个人在企业竞争中的作用可能会有很大的差别。其结果,一些企业可能内在化一些类型的工作,但是另一些企业可能选择使用外部的劳动力。正确的理解员工为企业做贡献的本质——他们的战略价值和唯一性是非常重要的,弄明白如何雇佣它的人力资源对于人力资源管理来说具有积极的意义。

2. 员工群体贡献的管理

如前所述,结构体系法关注对群体贡献的管理。从人力资源结构体系的角度,一个关键问题是针对不同的员工群体可能采用不同的人力资源系统。下面我们在结构体系观察框架下,简单地回顾一下不同的员工群体的人力资源管理系统的特征。

由于核心知识型员工的价值创造潜质,企业必须采取一些机制确保对他们的投资和留住这些员工(Quinn et al,1996),Lepak 和 Snell(1999)建议,基于承诺的人力资源管理系统(Arthur,1992,Huselid,1995)在鼓励知识型员工承担开发企业特有知识的风险和对组织成功采纳长远的观点方面是最有效的。例如，企业可以构建允许改变和适应的知识工作，提供授权和参与决策制定，确保这些员工能尽他们的全力为公司竞争做贡献。

相对应的，一个以生产为基础的人力资源管理系统强调的是及时的贡献，它是和工作型的员工的潜在期望是一致的。这种系统更类似于传统的员工管理的方式——雇用能立即做出贡献的员工，付给他们公平的工资，关注他们工作的绩效(Lepak, Snell, 1999)。这些员工执行的工作是关注的焦点，而不是他们拥有的知识、技术和能力。因此，他们这样做的目的就是要确保员工能为企业的竞争做出及时的贡献，这表现为对人力资源的"制造或者购买"决策的区别。

由于合同工人经常被要求采用非常标准化的知识基础去解决清晰的任务，所以对企业来讲主要的挑战是确保这些工人遵守必要的协议和有效地执行任务。给定这些工人要执行的工作后，注意力集中在确保承诺的人力资源系统是相当有效的(Lepak, Snell, 1999; Tusi et al, 1997)。最后，基于合作的人力资源系统在管理具有有限的价值和高唯一性的战略伙伴方面是非常有效的。像 Snell et al, (1999)提到的，这种类型的特殊知识如果和其他有明显价值的员工群体结合在一起是最有杠杆效应的。这当然对知识的共享和信息的交换有很高的要求。

3.3.3 人力资本组合——组织层面的分析

知识在战略联盟中的角色越来越重要。通过寻求与其他企业的合作协议，企业既可使内部知识资源达到优化效用，同时又能获得外部企业的知识资源。个别产业的知识界限正变得流动，企业间的合作也避免了企业内部开发新能力的长期落后状态，使得企业在战胜未来知识需求不确定上采用新技术的"战略选择"。

在基于知识的企业里，当人力资源的贡献的管理正在得到足够的重视时，应该记住知识型员工只是企业劳动力的一部分。他们将会在其他的员工边界进行拓展，一些员工贡献他们的体力技能，一些人无须使用他们的知识或技能就能完成工作，一些人使用他们的行业知识或者职业知识，还有一些雇佣外部化的员工。图3-7所示为企业的人力资源体系如何在一个假定的公司寻找员工在企业的战略价值和唯一性的。每个符号都代表着穿越几个工作领域的特定员工的相对战略价值和贡献的唯一性。

1. 人力资源能力组合的管理

关于组织层面的分析，结构体系法建议企业必须平衡多种雇佣模式的使用以优化知识的获取和使用。哪些任务和行动应该在内部实施、哪些应该外包的决策是相当重要的，其复杂性不容低估。例如，一个对知识型员工有很强依赖的企业可能存在一定的风险,因为,企业特有的投资需要时间去产生效益,经常涉及很高的成本,如果企业在那些非核心员工上过度投资,将会造成投资的低效率。但是,一个企业不这样做,又要冒着基于人才竞争的风险,与此同时,一个企业过分依赖外包将冒失去发展企业未来竞争中所需核心能力的风险(Bettis et al,1992)。但是,对于一个决定要发展人力资源能力的企业来说,对人力资源的管理要从管理个体员工转移到对各种员工群体贡献的合作和集成上来。

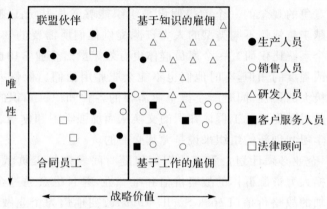

图 3-7　人力资源结构体系的人力资源样本

　　用于人力资源和人力资源管理系统的部署和调配的公司体系和框架的整体设计同样是十分重要的,它对于一个特定的环境来说是唯一。Becker,Huselid,Pickus,和 Spratt(1997)指出,企业级的人力资源管理系统"具有高度的特殊性,为了获得好的结果,必须根据企业自身的情况来量身定做。基于业务优先的人力资源管理系统的恰当设计和取向是高度企业专有的"。因为企业做什么与怎么竞争是不同的,不同的人力资源群体的相对贡献也是彼此各异的。对每个企业来说,如何在本身特定的环境下确定员工配置的最优组合,以及设计能最大化员工对企业成功所做的相关贡献的人力资源管理系统,将是一个很大的挑战。

　　另外,一个企业的人力资源的组合应该被视为动态的,而不是静态的。因为人力资源的相对战略价值和唯一性是随着时间而变化的。例如,当企业要改变它的技术或战略目标时,应该考虑它的人力资源贡献的内涵。因为企业的核心能力改变了,对人力资源知识和技术的要求也会变化。正如 Barney(1995)所说"虽然企业的资源和能力在过去增加了价值,随着客户偏好、行业结构或技术的变化,将会使他们在将来毫无价值"。

2. 通过人力资源结构体系发挥知识的杠杆作用

已有大量文献讨论过知识资产是竞争优势之源,但任何企业试图开发知识资产为竞争优势,必须依据对组织现有知识的获取、分享和利用的能力。Grant(1996)指出竞争优势的关键是回避外部复制、促进内部复制。如果员工是易流动的,组织能力更加依赖于企业整合机制而不是员工专业知识的程度。被整合知识的跨度越大,整合机制越复杂,潜在竞争对手复制就越困难。

基于知识竞争的观念的一个前提假设是组织能够发挥其员工知识的杠杆效应。因为企业越来越依赖不同类型的人力资源提供他们所需要的知识和技术,研究如何管理整个系统比仅研究一个雇员群体更有效。虽然企业希望也需要员工们掌握某些类型或程度的知识,有时他们也不能全职雇用他们。依赖人力资源的外部资源会带来极大的柔性,同时能获得企业需要的各种知识。知识的竞争要求企业要建立相应的机制促进员工群体知识的交换从而加强学习和创新。这种机制对那些依赖组织学习和创新的组织来说是尤其必要的。

除此之外,企业必须计划去管理他们如何随时间发挥员工贡献的杠杆效应。他们可能会变换人力资源群体的战略价值和唯一性,并且也会通过企业特有投资(唯一性)和增加的战略价值(Lepak-Snell,1999)改变他们为企业做贡献的性质。为了提高企业的特殊性,企业必须试图通过工作经验定制那些个体贡献的唯一性,这些经验可以开发没有转移性的隐性知识。虽然一些员工对企业的竞争力来说不具有特别的价值,但是他们有可能是未来产品或服务的一种资源(Prahalad,Hamel,1990;Barton,2005)。现在的挑战是设计一种管理系统,它能把员工当前的知识和企业未来的增长联系在一起。虽然要花一些时间做必要的人力资源的投资,但是企业这样做就可以提高员工知识的杠杆效应。

当评估效果时,考虑多种绩效结果也是很重要的。在战略人力资源管理的研究中,基于工作的员工主要是通过效率指标评价,而知识型员工则是基于创新和新思维。除此之外,也存在着潜在绩效影响,它与相关企业如何管理全面的结构体系有关,这种体系超越了任何单个员工群体的管理。于是,一个能有效地平衡多群体的利害关系的企业,同时也能够提高他们所有员工的有效性。一个能恰当管理所有员工的企业要比只能有效率地管理知识型员工而疏于管理其他团队的企业要有优势得多。

按战略价值和唯一性对知识进行分类,拥有不同知识的员工的行为重点不同,企业关注的重点不同:对拥有一般知识的员工关注保留问题,对拥有企业特殊知识的员工关注共享问题。

因为第二象限的员工是基于工作的雇佣,传统的 HRM 方法仍然适用。所以本研究关注通过知识为组织做出贡献的员工,即研究对象为第一、三、四象限的员工,第4章研究了员工的保留问题,第5章重点研究了员工的知识共享问题。

3.3.4 基于知识竞争的人力资源管理

从关注个体员工转移到对各种员工群体贡献的合作和集成上来,不按岗位、按拥有的知识性质及贡献进行员工分类,并进行动态监测,在此基础上,对不同的员工群体采取不同的 HRM 策略,实现特定环境下人员配置的最优组合,构建最大化员工贡献的 HRM 系统,并将关注的重点放到"全职员工"和"核心员工"的知识管理行为上。通过人力资源结构体系发挥知识的杠杆作用的机理如图3-8所示。

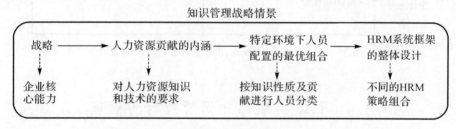

图3-8 通过人力资源结构体系发挥知识的杠杆作用

企业要使结构体系法用于基于知识竞争的人力资源当中,必须确定两个主要的问题。首先,应该确定企业的员工有必要的能力为企业的核心竞争力、增长和绩效做出贡献。为了使人力资源能够对组织的知识竞争能力有所贡献,企业还应该管理这些贡献和知识交换(Quinn, Anderson, Finklestein, 1996)。在一个人力资源体系中,这种交换发生在组织成员之间,同样也存在于企业边界外的知识贡献者之间。

对于采用结构体系法的企业来说,同样有必要注意到企业整个的人力资源的组合。我们这里认为知识管理问题存在于个体、员工群体以及组织三个层次。知识,究其本质,是一种个体层面的现象(Argyris, Schon, 1978; Grant, 1996; Quinn et al, 1996)。正如已经提到的,个体员工拥有不同种类不同程度的知识、技术和能力,企业应该知道他们的知识基础并建立相应的机制使员工共享他们的知识。企业依靠不同的员工群体用不同方式为企业做贡献,有的利用他们的知识,有的通过他们工作的绩效。企业同时也要利用不同类型的员工,如合同工,全职员工和顾问为企业竞争做贡献。最后,企业的人力资源组合和他们各自拥有的知识一起被视为组织资产,并进行管理发挥杠杆作用。

图3-9所示强调当我们通过多层次分析考虑企业如何管理人力资源能力和

知识贡献时出现的主要问题。

	能力	贡献
组织水平	·管理人力资本组合	·内外部雇员群体的知识共享 ·雇员群体间恰当知的交互以取得竞争优势
群体水平	·员工能力的内化和外包 ·员工群体间的雇佣关系管理	·增强员工群体的贡献
个体水平	·理解人力资本组合 ·流动和保留	·鼓励分享知识

图 3-9 人力资源体系在知识竞争中的多层次观点

3.4 HR 实践与知识管理行为管理

3.4.1 HR 实践组合

第 2 章给出了基于知识竞争的战略和所需的角色行为,我们需要何种 HRM 实践的支撑呢?

1. HRM 实践类型

HRM 实践类型——当决定某种人力资源实践与竞争战略相连时,组织可选择 5 种人力资源实践"菜单",每一种都表现出人力资源管理的一个不同的方面。他们是规划、配置人员、评估、奖酬、培训和开发。这个"菜单"摘要见表 3-1。更详细的说明见其他相关文献(克雷曼,2003)等。

表 3-1 人力资源管理实践菜单

1. 规划选择	
非正式	正式
短期目标	长期目标
显性工作分析	隐性工作分析
工作简化	工作丰富化

续 表

低雇员参与	高雇员参与
2. 人员配置选择	
内部来源	外部来源
窄职业发展路径	宽职业发展路径
单阶梯	多阶梯
显性指标	隐性指标
有限社会化	大量社会化
封闭进程	开放进程
3. 评估选择	
行为指标	结果指标
目标:开发、矫正、维持	
低雇员参与	高雇员参与
短期指标	长期指标
个体指标	团队指标
4. 薪酬选择	
低基薪	高基薪
内部公平	外部公平
很少的奖金	很多的奖金
标准、固定薪酬包	灵活薪酬包
低参与	高参与
没有激励	很多激励
短期激励	长期激励
没有雇佣安全	高雇佣安全
等级的	高度参与的
5. 培训和开发	
短期	长期
应用面窄	应用面广

续表

强调生产效率	强调工作生活平衡
自发、无计划的	有计划的,系统的
个体导向	团队导向
低参与	高参与

2. HRM 实践对角色行为的刺激和强化

不同的人力资源选择刺激和强化不同的角色行为。Schuler,Jackson(1987)在对竞争战略和所需角色行为及 HRM 实践进行简明分类后,阐述了寻求创新战略的公司具有的特征,并以实施创新战略的 Frost 公司为例,分析了组织系统是如何将 HRM 实践与其竞争优势和所需雇员的角色行为相匹配的。

(1)创新战略。寻求创新战略的公司具有以下特征:① 工作需要个体和团队间的近距离互动和合作;② 绩效评估更多地反映远期目标和基于团队的成就;③ 允许雇员开发技能的工作可用于公司其他岗位;④ 较之于外部公平或基于市场的公平,薪酬体系更强调内部公平;⑤ 薪资不高,但允许雇员持股或有更多的自由选择薪酬包的组成;⑥ 宽职业生涯道路强化发展广泛的技能。这些人力资源管理实践促进了长期目标导向的合作、相互依赖的行为,培育了观点交流和风险承担(Lawler,1984)。

(2)Frost 公司的案例。Frost 公司,是一个做出持续努力使人力资源管理实践和竞争战略匹配的公司。坐落在密西根 Grand Rapids,Frost 是一个生产主要用于汽车业的电车顶部运输机的制造商。考虑到过分依赖一个产业,董事长 Chad Frost 做了一些努力去分散业务,首先进入了制造剪草机配件行业,后又进入地面传输机和起重机行业。这些努力都失败了。工程师们不知道如何设计不熟悉的部件,生产人员不知道如何生产他们,销售人员不知道如何销售他们。Chad Frost 将此诊断为非柔性。"我们拥有单一目标的机器和单一目标的人"他说,"包括单一目标的管理者"。

自动化生产是柔性的关键。Frost 决定设计和建造一个自动化的存储——检索存货控制系统,它随后作为专利产品被出售,完全自动化削减了直接劳动成本。

硬件导向的战略伴随着人力资源管理。Frost 聘请的咨询公司的顾问认为,"如果"要想从设备改造中真正获益,最困难的部分是人要发生改变。Frost 当时正在从事一种革新战略。结果表明,该公司所做的关于人力资源条例的许多选择都是用来支持那些员工的行为。该行为被认为是对公司改革的成功极其关键的。

例如该公司立即通过给每个员工发行十份公司股额来提高员工在公司中的地位并且把这些员工称为股份持有者。员工可以按照401计划购买更多的股份增加股份所有关系。其他的长期刺激包括一个标准的公司利润分配计划和一个由Chad Frost主管的任意利润分享计划。

Frost的薪酬方案也被调整以打破生产率和生产的平衡。在Frost的方案中，生产是一个重要的考虑因素，因为生产过程是公司改革战略的中心环节。Frost设立了以生产率为基础的季度津贴，并且成立了庆祝经费以便管理层人士对那些做出重要贡献的员工给予回报。津贴是用来激励那些公司需要的员工的行为的。通过设立以公司生产率为前提的季度津贴，公司鼓励了那些合作性的、互相依赖的行为。庆祝经费同时也可用以奖励和加强那些创新行为。

Frost也通过许多其他的方式鼓励相互合作。大多数办公室（包括Chad Frost的在内）都没有安门，这方便了员工们之间的交流。大部分的额外津贴被取消了，所有的员工都可以通过办公室前台的或厂房的多台终端进入公司的主机。

任何一种改革政策的一个重要部分都是使员工提高能力、承担了更多的责任和风险。Frost鼓励员工花钱去公司或当地大学参加一些广泛的课程培训从而学习新的技能。更进一步说，将各种能力的提高视为发展的先决条件。因为Frost已经将他的前11个等级的集团压缩为了只有4个等级的集团。因为这样使得传统的晋升方法奖励员工变得更加困难，员工们需要通过增加自己的技能，承担更多的责任和更大的风险去实现个人的发展和提升。

(3) 实施中的问题。案例证明，组织系统地将HRM实践与其竞争优势和所需雇员的角色行为匹配。尽管只是一个开端，这些公司的成功说明所有层次的雇员的人力资源管理实践对战略都是有影响的。因此，不仅高管人员的特质与公司战略的匹配很重要，所有雇员的行为与战略的匹配也很重要。最后，Schuler, Jackson指出，当竞争变化时，竞争战略将发生变化。因此，雇员将面临不断变化的雇佣关系，雇员可能会被要求展现不同的角色行为，会处于不同的雇佣状态。雇员能够而且也必须适应这种变化。对不能适应变化的员工，可能会被派到公司的其他部门或给他们提供到其他公司工作的帮助。对那些在变化中有问题的员工，公司可能提供培训项目促进他们获得必需的技能、能力和角色行为。另一个启示就是人力资源实践系统的所有构成部分需要进行同步变化，关键的人力资源实践一起工作发挥作用来刺激和强化特殊需要的员工行为。否则，员工将经历冲突、迷茫和挫折。

3.4.2　HR 实践在知识管理行为中的角色

1. 知识获取与人力资源管理

知识获取是组织去吸收内、外部各种知识来源，如供货商、顾客、竞争者及内部组织技术、知识文件知识或人员知识等（Leonard—Barton,1995;Nonaka,Takeuchi,1995;Davenport,Prusak,1998）。因此如何协助组织取得及提升成员对于组织的承诺，以提升知识能力，便成为知识管理中相当重要的课题。透过人力资源管理的选择性雇佣、工作轮调、建立社区感等方式，来增加员工对于知识的获取（Pfeffer,1999;Dessler,1999）。各学者对知识获取与人力资源管理的关系整理见表3-2。

表3-2　知识获取与人力资源管理的关系

知识获取	人力资源管理
内部发展（Helleloid,Simonin,1994） 多样性技能人才 （Nonaka,Takeuchi,1995） 融合、适应（Davenport,Prusak,1998）	选择性雇佣（Pfeffer,1999） 教育训练（Delery,Doty,1996） 工作轮调 鼓励学习的激励制度
非正式网络关系或实践社区、知识网络 （Stewart,1997;Davenport,Prusak,1998）	建立社区感（Dessler,1998） 鼓励成立实践社区的激励制度 工作轮调
公开市场采购、外部辅助内部发展（Helleloid,Simonin,1994）；输入外部知识（Leonard-Barton,1995）	选择性雇佣（Pfeffer,1999） 鼓励引用外界专业的激励制度管理吸收外部知识的计划
公司间的合作（Helleloid,Simonin,1994） 授权合资（Leonard—Barton,1995）	安排团队工作的机会（Pfeffer,1999） 鼓励创新的激励制度
合并或购并（Helleloid,Simonin,1994） （Leonard—Barton,1995）	选择性雇佣,安排团队工作的机会（Pfeffer,1999） 教育训练（Delery,Doty,1996）

2. 知识共享与人力资源管理

有关知识分享与移转的课题，主要在促进拥有知识的员工主动去分享自己的知识。同时公司里也应该保持分享知识的机制与时间,让员工能自由地、主动地分享知识。另一方面如果就知识的接收端来看,应该让有知识需要的人自行去搜寻,以避免信息泛滥的问题。因此在人力资源的课题上,也应该特别强调如何让员工愿意主动地分享知识,这些惯例包括教育训练、建立社群感、工作轮调、鼓励学习的激励制度等,整理见表3-3。

表3-3 知识共享与人力资源管理的关系

知识共享	人力资源管理
共同化(Nonaka,Takeuchi,1995;(Myrna,Hayes,1996) 建立起共通的语言、关系与信任感(Davenport,Prusak,1998)	教育训练(Delery,doty,1996)面对面会议,建立社区感(Dessler,1998);聘用具有协调能力的经理人 工作轮调
提供知识转移的场所与时间(Davenport,Prusak,1998)应用、接受(Myrna,Hayes,1996)	教育训练(Delery,doty,1996)提供知识展览会、谈话室与会议报告等方式
重视知识来源的品质(Davenport,Prusak,1998)	降低阶级感(Pfeffer,1999) 建立社区感(Dessler,1998)
结合(Nonaka,Takeuchi,1995) 鼓励进行知识分享与转移(Davenport,Prusak,1998)	强调信息分享(Pfeffer,1999) 定义与沟通使命(Dessler,1998) 鼓励知识分享的激励制度;师徒制的教导方式
内化(Nonaka,Takeuchi,1995 保持与促进吸收能力(Davenport,Prusak,1998)	教育训练(Delery,doty,1996) 选择性雇佣(Pfeffer,1999) 鼓励学者的激励制度

3. 知识应用、创造与人力资源管理

在促进知识的创造、应用,包括跨部门共同解决问题、从外部收购知识、适应非正式网络关系、实践社区或鼓励创新等活动,均需要人力资源策略与制度的配合。有关促进知识创造和应用的人力资源管理,包括定义沟通与使命、团队工作、选择性雇用、工作轮调、教育训练、建立社区感及实施多种激励制度等。各学者对知识的创造与人力资源管理的关系整理见表3-4。

表 3-4 知识应用、创造与人力资源管理关系

知识的应用和创造	人力资源管理
适应(Davenport,Prusak,1998) 多样性技能人才(Nonaka,Takeuchi,1995)	价值基础的甄选模式(Dessler,1998) 选择性雇佣(Pfeffer,1999) 教育训练(Delery,doty,1996) 工作轮调 鼓励学习的激励制度
非正式网络关系或实践社区 (Stewart,1997;Daveport,rusak,1998)	建立社区感(Dessler,1998) 鼓励成立实务社群的激励制度 工作轮调
意图(Nonaka,Takeuchi,1995)	定义与沟通使命(Dessler,1998)
重复(Nonaka,Takeuchi,1995)	工作轮调(Dessler,1998) 模糊分工
跨部门的共同解决问题 (Leonard—Barton,1998)	选择性雇佣(Pfeffer,1999) 安排团队工作的机会(Pfeffer,1999) 教育训练(Delery,doty,1996)
进行试验(Leonard—Barton,1998)	鼓励创新的激励制度
输入外部知识(Leonard—Barton,1998)	培养扫描科技的守门员 鼓励引用外界专业的激励程度 管理吸收外部知识的计划

4. 知识更新与人力资源管理

知识整理与储存所涉及的理论与做法相当多,与人力资源相对应的做法整理见表 3-5。例如在知识分布图(知识地图)的制作与建立成员完整的路径知识上,除了可以运用科技工具来辅助之外,高阶主管清楚地宣示知识分布图的重要性,以及运用工作轮调的机会,都是辅助建构知识分布图的做法。这些能促进知识整理与储存的人力资源管理,包括雇佣安全、工作轮调、参与决策、师徒制承传、建立社区感、鼓励知识分享的激励制度、员工入股、内部升迁、支持员工职业生涯发展等。

表3-5 知识更新与人力资源管理的关系

知识的整理、储存与更新	人力资源管理
留住关键的内隐知识人员（Stevart,1997；Davenport, Prusak, 1998）	雇佣安全（Dessler,1998） 分红入股（Pfeffer,1999） 支持员工职涯发展或内部升迁（Delery, doty,1996; Dessler,1998）
针对个人经验进行记录、整理：建构知识分布图或建立完整的路径知识（Davenport, Prusak, 1998; Hidding,Catterall,1998）	定义与沟通使命（Dessler,1998） 工作轮调
针对正式化的知识进行记录、整理（Hidding,Catterall,1998）	教育训练（Delery,doty,1996） 师徒传承制度
针对新出现的知识进行记录、整理（Hidding,Catterall,1998）	定义与沟通使命（Dessler,1998） 建立社区感（Dessler,1998） 知识节点的设立
团队解决问题（Grant,1996）让有信息的员工参与决策（Anand, Manz,Glick,1998）	沟通与参与决策（Delery,doty,1996） 支持职业生涯发展（Dessler,1998）

3.5 基于完整知识价值链的 HRM 系统整体架构

知识管理的价值主要体现在它能够有利于提高个人和组织的智商、实现企业的业务目标以及取得直接的经济绩效等方面。

迈克尔·波特提出了价值链的概念，认为企业中所有各不相同但又相互关联的生产经营活动，构成了创造价值的一个动态过程，即价值链。有人从这个角度将知识的价值链表示为：

知识的采集与加工—知识的存储与积累—知识的传播与分享—知识的使用与创新。

成功的知识管理是要对价值链中的各个活动环节进行管理，并且要优化各个环节之间的联系,加快知识的流动速度。但是这种表示方法仅描述了知识管理的核心活动,对知识管理究竟要管理什么样的知识以及取得何种价值并没有加以阐述,可以说只有"链身",欠缺了"链头"和"链尾"。

不同的知识概念和观点表明了支持知识管理的不同的系统角色。对于知识的理解有三个主要观点,一是将知识看作一个对象,或者等同于知识获取,这种观点认为知识管理应该集中于建立和管理知识储备;第二种观点认为知识是一个过程,知识管理应集中于知识生产、知识分享、知识应用及知识创新的过程;第三种观点是知识作为能力的观点,认为知识管理应关注建立核心竞争能力(吴冰,2006)。

本研究将对知识的三种观点整合至知识的价值链,并考虑知识的生命周期,结合第 2 章的知识管理行为理论推演,从知识内容(对象)、知识活动(过程)以及知识价值(能力)三个方面可以获得对知识价值链更全面的认识(见图 3-10),提出基于知识生命周期的完整知识价值链。其中,知识内容是价值链的源头,知识活动是价值链的主体,知识价值则为最终取得的成果,从知识内容到知识活动及到知识价值的过程中,每一阶段的演进都提供了下一阶段的知识增值。

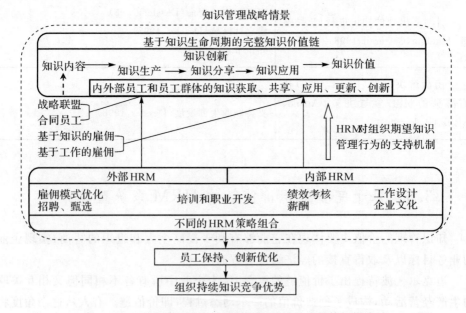

图 3-10 基于完整知识价值链的 HRM 系统整体架构设计

第4章 员工知识管理行为能力获取

对参与知识竞争的企业来说,假定有效的知识竞争所需要的行为能够被确定,还需要了解用以改善我们对支持或抑制这些行为的个人能力和条件。如果一个组织的知识管理能力库适合其行为需求,那么,员工就能够创造竞争优势。传统的人力资源管理一般局限在用培训开发的方式对显性能力的管理上,而且主要以企业正式员工作为主要研究对象。本章从获取一般知识管理行为的能力角度出发,以组织中个体能力获取和组织能力库存为研究对象,揭示了基于知识视角的促进多雇佣模式下知识管理行为的能力获取机制,得出促进能力不断进化的 HR 系统整合模型。

4.1 支持知识管理行为的能力

自20世纪八九十年代,竞争的加剧和环境的动荡多变,企业竞争优势的源泉从企业外部转到企业内部,战略理论研究的成果也表明,企业要获得持续的竞争优势,要生存和发展,需要培育自己的动态核心能力(Prahalad,Hamel,1990;Teece,1997)。从这种观点看,企业实际上是一个能力系统,是一个技能网络(Klein,2000),而不仅仅是资源的集合。

自 Prahalad 和 Hamel 将能力理论引入战略理论后,对组织中各类能力的相关研究颇为丰富。由于研究视角和研究层次的不同,各种能力概念交织,很容易引起概念上的混淆和模糊。核心能力、独特能力、战略能力、动态能力、组织能力、个体能力这些名词经常在相关文献中出现。从隶属层面上看,这些能力分属两个层次:组织层次和个人层次。在战略管理文献中,能力这个词是一个企业级的概念,是指为获得竞争优势的资源能力或约束。本研究在提及能力时,如无特殊说明,都是指个体层面上的能力,即本章我们关注利用人力资源实践来确保一个组织的劳动力为获取知识竞争的成功所要求的个人层面的能力。

本研究将个体的能力定义为:"在特定组织中,服务于组织能力和战略能力的,同卓越绩效具有内在联系的个体特征和品质,这些特征和品质包括个人所具有的知识、技能、价值观、认知和行为技能等"。心理学家使用能力这个词来指知识、技能、个性特征和态度,这些使雇员履行工作任务和角色成为可能(Jackson,

Schuler，2003)。

个体能力内部各能力元素具有层次性,不同层次间是单向依存关系。根据层次间的依存关系、对绩效影响的直接程度以及能力的外显程度,可将个人整体能力划为价值层、品质与认知层、中间技能、知识与工作技能层,如图 4-1 所示。

图 4-1 个体能力层次模型

价值观是一个人最基本、最深层的能力,它直接决定于其他能力的形成、培养以及人的行为方式、思维模式等。

品质和认知层的能力主要指人的认知能力、解决问题的能力、自我观念、灵活性、创造性、责任心等。这些能力属于元能力,是形成其他更具体能力的基本构件。这类能力具有很强的可转移性,不带有同具体工作任务、组织相关的情境性。

中间技能介于品质、认知与知识层之间,起桥梁作用。这类能力能够在很多工作场合中起作用,包括人际技能、沟通技能、学习能力等,属智慧技能和思想方法性知识。其强弱直接决定了个体人力资本的可流动性和使用的灵活性。企业员工中间技能整体的强弱程度,决定了组织对外部环境反应的灵活程度。

知识与技能层所指的知识和技能属于工具性知识与技能,是同具体工作相关的,使工作活动能够被正确履行所必须具备的知识和技能,是外显的能力,是后天学习与习得的能力,是培训、工作经历和社会生活经验中积累的结果。这一层次的知识与技能,往往适用于特定的工作、工作场所和组织。

以一般知识管理行为——获取知识行为为例。在过去 10 年中,信息技术日新月异,企业为员工获取知识创造了许多新方法,他们可以搜寻互联网、使用电子邮件和专家沟通、参加远程学习等等。对参与知识竞争的企业来说,具有一支可以使用这些新的知识获取工具能力的员工队伍是必不可少的。

能力层次金字塔中,越是底层的能力维度越具稳定性,无法进行直接的观察,发展底层维度能力的难度也相对较高;越是上层的能力外显性越强,同具体工作相关性越高,专用性强,非效率衰减的可转移性低。从关系上看,四个层次的能力中,下一层的能力对上一层的能力有决定和影响作用,如个性、品质、认知层能力的强弱决定了中间技能层能力的形成和发展;中间技能层能力的强弱决定了工具性知识和技能层能力所能达到的程度和水平。但上层的能力对下层的能力也具有反作用,上层能力发展到一定程度反过来会使下层次能力缓慢地迁移和发展,进而改变个人整体能力的结构。

在工作中,个体能力是这4个层次能力形成的有机体,它们之间的关系是一种非线性的函数关系。通用能力就是那些能够在不同工作、组织之间和不同情境下转移而不损失其有效性,能够满足多种工作需要的能力。专用能力就是只适用于特定工作的,在不同工作、组织或环境下难以转移的能力。

支撑知识管理行为的能力要求个体在知识竞争环境中岗位不确定的情况下,认可组织价值观,达到人—组织的匹配。品质和认知层的能力及中间技能要符合知识获取、知识共享、知识应用、知识更新、知识创新的行为要求的个体属性。

4.2 基于知识视角的能力

战略能力指组织整合其资源创造竞争优势的系统及流程。在基于知识的资源情境中基于知识的能力在创造持续竞争优势的方面被认为是最具战略意义的能力(Grant,1996;Marsh,Ranft,1999;Nonaka,1995;Simonin,1999)。以基于知识的方式达到竞争优势的建议者认为,企业的首要目的是创造和应用知识(DeCarolis,Deeds,1999)。

知识的两种重要类型是隐性知识和显性知识。因为隐性知识难以编纂整理,它通过直接的经验习得(Polanyi,1973;Reed,DeFillippi,1990)。相反,显性知识是能被正式化的、可编纂的、可沟通的。显性知识也被称为客观的知识和叙述性知识(Kogut,Zander,1992)。显性知识也时常通过正规的教育和培训课程习得,但是它也能由工作产生的经验学习到。的确,很多电子信息分享系统的一个重要目的就是让组织能够捕捉雇员在工作经验中得到的显性知识。

许多电子信息分享系统的重要目的是确保组织取得知识员工工作上的经验。然而,必须强调的是工作中的经验创造的显性知识可以如此传播,而有些经验产生的隐性知识则不能这样传播。设计并利用一套电子系统有效地存储、传播知识是开发知识管理能力的最常用方式,电子的知识管理系统把重心集中在信息的贮存和分配上,而其他的方法则更多地集中在知识创新(如研究与开发)和反映新知识的连续变化上(如组织学习)。

研究与开发活动(R&D)代表了一种知识创新能力,它是企业追求创新的竞争优势。创新时常建立在交叉边缘的知识上。通常把此类知识转化成重要的创新需要组织中的个体将知识和市场理解结合起来,共同使用研究成果以建立新产品,然后将其商品化(Hitt,Hoskisson,Nixon,1993;Hitt,Nixon,Hoskisson,Kochhar,1999)。因此,整合现有知识来创造一个新的应用方法、将现有知识的潜力开发出来,则是另外的一种知识能力,这样的知识能力是公司保持竞争优势的重要能力。

Miller(1996)对组织学习的定义是,为了做出决定和影响他人完成组织的重要工作愿意将新的知识运用于工作中去的组织和个人的聚合知识的活动。然而一个单一的组织学习的例子(一个单一的改变事件)可能很容易被其他组织模仿,而连续的组织学习会产生累加效果且难以模仿。因此,连续的学习被视为企业维持竞争优势的重要能力。

培训和开发课程普遍被用来开发组织学习。这些课程通常寻求知识资本的增长及少量员工的社会资本的增长。大多数的培训和开发方案把重心集中在确保员工在他们各自专业工作领域的最新的显性知识上。因为显性的知识众所周知,很容易被仿效。这虽然对维持竞争的公平来说是必需的,但显性的知识通常不能作为厂商持续竞争优势的基础。

但是隐性的知识不容易传播。隐性的知识必须在使用中习得,这也常常需要长期的社会交往。因为隐性的知识由经验习得,这种知识的转移通常是一个缓慢而又复杂的过程(Teece,1997)。因此,管理实务的主要目标在于使充分利用隐性知识杠杆效应的管理实践难以让外界理解及成功模仿。诸如合资这种战略联盟对传播隐性知识是有用的,因为合资允许合作伙伴一起共事使得隐性知识得以传播(Lane,Lubatkin,1998)。传播隐性知识的另外一个途径是,安排经验丰富的专家去带领缺乏经验的专业人员(Baron,Kreps,1999),经过一段时间以后,缺乏经验的专业人士就能学习到富有经验的专业人士的隐性技能(Hitt,Bierman,2001)。有着显著学习能力的组织深刻理解了隐性知识和显性知识的重要性,而且能够确保用两种知识来促进学习。

4.3 行为、能力与人力资源实践

组织中个人的绩效,是个体在组织情景中一系列行为的结果。在复杂的工作情景,尤其是知识处理、加工、生产等活动中,个体所选择的具体工作行为、行为方式以及行为时机的有效性取决于内因和外因的个人特征,包括个性、知识、技能等。如图4-2所示。

图 4-2　绩效、行为与个体特征关系

Patrick(1998)等提出的战略性人力资源管理基本模型也揭示了包含知识、技能的人力资本积累与组织成员行为和人力资源管理实践系统的关系,如图 1-1 所示。

4.4　知识竞争对 HRM 研究的特殊挑战

一些人力资源实践,可以用来增加一个企业的相关能力储备。显然,招聘和选拔新的企业成员会影响企业能力储备,同样,培训和发展行动可以促进学习。此外,薪酬体系可以为员工获取有价值的能力提供动力。关注组织文化能使之更容易招募和留住那些拥有所渴望能力的员工,能力评估和测量也可被用来监测能力储备。总的来说,大多数用于增长员工能力的基本方法一般情况下也适用于增加支持知识管理行为的能力储备。然而,知识型竞争也带来了一些特殊的挑战。

4.4.1　管理外显能力和隐性能力

对个体员工而言,企业需要的知识管理能力的变化创造了一种持续学习、适应和变化的需求。为了保持其当前能力的储备,可能要求雇员更新自己的技术知识、增加新的技能、摆脱陈旧观念等等。对于知识密集型组织而言,确保现存于他们的员工队伍中的能力作为一个整体去适应不断变化的环境条件,是一个很大的挑战(lepak,snell,2002)。

对于学习过程,培训技巧和员工发展的广泛的研究提供了丰富的信息,组织可以利用这些信息来促进个人的学习和改变(Goldstein,Ford,2002)。不过,在相当大的程度上,这些方法已被设计用来解决发展"外显"的能力。外显能力服从正式和系统的管理,它们能被相对容易地测量和传递。技术知识和技能就是外显能力的例子。

不同于外显知识和技能,隐性能力更难以清晰阐明和度量,所以更难管理。创意(或创造性解决问题的能力)就是一个隐性能力的例子。一些人际沟通技巧和感知问题的能力,也可以说是隐性能力的一个例子。隐性能力通常被正规的人力资源管理实践所忽视。因为它们是难以度量和教授的,它已被事先假定它们不能(或不应)被加以管理。

知识管理学者认为教师和学习者之间广泛的人际交往为传播隐性知识提供了最好的方法(Fiol,1994)。因此,管理隐性知识的一个方法可能是发展一个社会网络,这个网络将包括雇员和不是组织成员的其他人在内的个体连接在一起进行广泛交往。如果隐性能力被含蓄和非正式地传递和学习,那么被嵌入在强社会网络中的个体将更乐意更新他们的隐性能力并在可获取时添加新的内容。

4.4.2 知识管理能力的动态性质

知识型组织的研究强调管理知识资源是一个动态过程(Grant,1996);如果当前为一组织掌握的能力不更新或进行改变,其价值将减少(Lei,Hitt,Bettis,1996)。知识的动态性质是组织珍惜并把其当作组织战略资产的原因。因此,组织参与知识竞争需要能促进能力不断进化的人力资源系统。这种系统一定要能满足个人能力变化和组织总体能力库存的变化。

Oldham(2001)讨论了那些愿意留在组织中的雇员更乐意与同事分享他们的观点。因此,鼓励雇员留在组织中(Maurer,1999)是一个提高隐性能力相互传递并最终建立组织能力库存的途径。

员工不同的雇佣模式也与组织匹配其知识管理要求和其雇员能力的努力有关。如许多企业为了临时获取能力而使用合同工(Hui,Davis,Blake,2000)。但是合同工人通常不能用来满足企业的所有需求。最终,大部分企业还是要通过雇佣新员工来增加他们的劳动力能力库存。除了在持续增长的条件下,一个组织雇佣新的胜任者的能力部分取决于其管理现有员工外流的问题的能力。开发分析工具来帮助组织评估和跟踪他们能力公文包的变化是非常值得关注的一个研究方向。本书在4.9节的研究为今后监测和预警员工的能力提供了一个有益的基础。

4.5 员工知识管理动态能力模型构建

基于知识竞争的知识管理动态能力获取应该是一种全新的管理范式,其基本模型见图4-3。

由图4-3可以看出,知识管理动态能力获取的途径很多,概括而言,有两个途径:增加组织能力库存的内部能力获取,临时获取能力的能力外部获取。通过评估和跟踪组织能力库存的变化获得促进能力不断进化的HR系统。其中,每个方面都有很多具体措施,企业可以按照自身的具体情况灵活选择使用。

本书认为,知识获取、多雇佣模式管理、组织能力监测、通过留人留住知识对知识管理动态能力的获取具有重要意义。下面将主要在这几方面展开相应的分析。

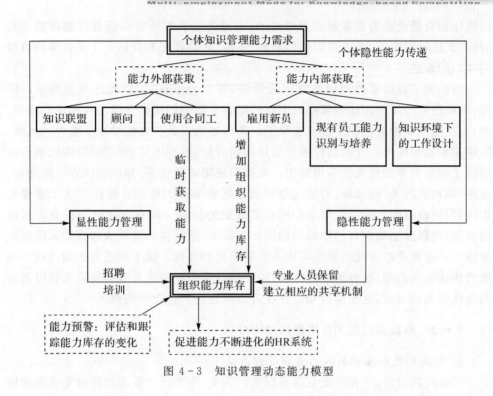

图 4-3 知识管理动态能力模型

4.6 知识获取

4.6.1 基于知识的资源及获取

基于知识的资源包括雇员拥有的所有的智力能力和知识,以及他们学习、获取更多知识的能力。因此,基于知识的资源包括员工已经掌握的以及他们潜在的适应能力、获取新信息的能力。在该定义下,我们研究基于知识资源的获取,简称为知识的获取。知识获取是指组织或个人的知识收集活动,是组织或个人知识的来源。知识获取的本质在于知识量的积累。支持知识管理行为的能力获取的来源是知识的获取,然后借助于知识的转化机制转化成相应的能力。

大部分的学者都有这样一个基本假设:归根结底,知识是一种个人属性。那么组织为获得所需的知识有两个常见的选择:他们可以帮助员工获得所需的知识或他们能获得已经掌握所需知识的新雇员。通常,企业采用的一个简便方法是让员工通过培训和发展计划来获得知识。然而,在某些情况下,现有的员工可能缺乏所需的知识背景或能力去掌握必要的知识,或者员工掌握所需知识有可能花费太长时间,在这种情况下,企业可以使用兼并、收购、战略联盟和合同员工来获得拥有恰当知识的新成员。

组织为了获得新的知识而使用的策略,看上去很直接,但实际并不简单。因此,需要研究组织使用这些策略时面临的障碍并制定解决的方案去克服这些障碍。例如,员工所掌握的知识的快速变化给培训计划的设计和实施带来了重大的挑战,特殊知识也是如此。开发这样的培训计划的时候,培训人员必须确认、编码和传递给员工的知识是最相关的有用知识。在知识密集的环境下,知识的内容不断变化,这种"填鸭式喂养"的知识,对员工很可能是低效率和无效的。相比给员工灌输知识内容,更合适的方法是发展他们的获取知识的技能。拥有高效的知识获取技能的员工,可以鼓励他们自己明确他们的知识需求,然后再开发获取这些知识的个人策略——这种策略可能需要也可能不需要组织的支持。除了能更好地响应知识环境的快速变化之外,这种培训的方法,可能被证实是一种更有效的使员工获得潜在的隐性知识的方法,这些隐性知识往往可以决定一个企业的成败。

4.6.2 获取知识的 HR 实践的对比分析

1. 传统的获取知识的人力资源管理办法

工业经济时代,工作性质更多是以生产为主,生产任务要求按照事先确定的标准生产产品,并将产成品运送到目标客户,员工的工作由企业分配并按企业规定的标准程序执行。传统的获取知识的人力资源管理办法见表 4-1。

在知识经济时代,工作性质发生了很大的变化,所以许多工作不像以前那样简单的组装或建设,而要求雇员去思考,计划或做出决策,员工经常面对的是灵活而有挑战性的非程序性任务,对执行者的知识和技能要求较为复杂,需要雇员具备隐性的和显性的知识和将知识应用于工作之中的能力,员工拥有更多自主决定的权利。因此,仅仅希望通过选择有知识资源的员工,或通过提供培训机会或奖酬来增加他们的知识是不够的,组织也必须找寻新的方式将其资源发挥杠杆效应以保持竞争优势。传统的获取知识的人力资源管理办法不能适应基于知识竞争的工作,需要进行重新设计,以增强其适应性。

2. 通过基于知识竞争的 HRM 获取知识

由于在基于知识的竞争中,因为工作的流动性、重要组织成员在团队和项目间连续变动,准确地说雇员在工作中需要哪一类的知识相当困难,而且也很难预测在将来的工作中需要哪种类型的知识,因此,发展雇员获取知识的技能(Gerhart,2000)、雇佣时对学习能力、适应能力等个性品质的甄选、强化人与组织的匹配的招聘策略将会越来越重要。Pfeffer 等指出透过人力资源管理的选择性雇用、工作轮调、建立社区感等方式,来增加员工对于知识的吸取(Pfeffer,1999;Dessler,1999)。通过基于知识竞争的人力资源管理获取知识的途径总结见表 4-2。

表 4-1 通过传统人力资源管理获取知识

工作性质	知识的获取	人力资源管理
按照事先确定的标准生产产品,并将产成品运送到目标客户的程序性工作	测量工作申请者的知识占有量	根据知识占有量帮助企业选择人才
	通过能力倾向测验	识别个体在某些方面的潜质
员工的工作由企业分配并按企业规定的标准程序执行	假定他们有学习资质	为雇员提供他们缺乏的知识的培训计划
传统 HRM 方法的不足:虽然通过选择和训练(或称为开发)是获取基于知识的资源的一个合理方法,但这些方式是非常耗时的,可能是低效率的		
在知识密集的环境下,知识的内容不断变化,传统培训带来的"填鸭式喂养"的知识,对员工很可能是低效率和无效的		

获取来自外部的知识资源,并将其内化是困难的。内化新知识需要厂商有充足吸收能力,或者说识别、同化、使用另外的知识的能力。通常,因为外部知识不同于他们现有的知识库,个体或组织因很难理解和识别新知识而不能很好地吸收它们(Grant,1996)。

因此,企业如果能开发出正确评估企业自身资源与其他哪些公司的知识资源具有互补性或相似性,将会在并购行为活动中获益。

取得来自外部的知识来源方法,包括战略同盟、合资、特许授权和合并或者收购(通过组织边界转移知识)。通过社会关系获取知识也是非常重要的。当然,从外部来源获取知识可能带来一些风险,如被其他厂商兼并的企业开放其知识可能冒着在未来竞争中失利的风险。另外,尽管获取知识资源,是很多兼并和收购发生的一个首要的原因(Vermeulen,Barkema,2001),然而有时候这些知识资源是第一个离开新的企业的(Cannella,Hambrick,1993)。解释一些高管在这些情况下离开原因的一些框架已经存在(Hambrick,Canneua,1993),但我们需要更多的研究,以确定是否这些框架也适用于那些具备重要知识的其他类型的员工,如科学家或拥有特定顾客专精知识的销售人员。

表4-2 通过基于知识竞争的人力资源管理获取知识

工作性质	知识的获取	人力资源管理
非程序性的对执行者的知识和技能要求较为复杂的工作 员工拥有自主决定的权利；经常面对的是灵活而有挑战性的任务	多样性技能人才 内部发展 融合、适应	选择性雇佣：注意学习能力、适应能力等个性品质的甄选 鼓励学习的激励制度 工作轮调 培训开发：发展雇员获取知识的技能
因为工作的流动性、重要组织成员在团队和项目间连续变动，准确地说雇员在工作中需要哪一类的知识相当困难，而且也很难预测在将来的工作中需要哪种类型的知识	公开市场采购、外部辅助内部发展、输入外部知识	选择性雇佣 鼓励引用外界专业的激励制度管理吸收外部知识的计划
	非正式网络关系或实践社区、知识网络	建立社区感 鼓励成立实践社区的激励制度 工作轮调
	公司间的合作、授权合资	安排团队工作的机会 鼓励创新的激励制度
	合并、收购或战略联盟，获得新产品或其他的专门知识	选择性雇佣 安排团队工作的机会 培训
通过合同方式完成知识密集型的活动的情形也以很快的速度增长，产生了对合同工管理的人力资源管理系统的需求	企业—特定知识不能通过外部的劳动市场中签约获得；合同工能用其掌握的有价值的显性和隐性知识帮助企业完成重要的项目	通过一些与合同工管理相关的人力资源管理活动，包括选择、培训、薪酬、保留做出重要贡献的员工等，合同工能够对组织的知识和绩效做出贡献

在企业的知识获取阶段,既要重视收集企业内部的知识,也要关注企业外部的知识;不仅要注意企业的主动获取,更要注意建立稳定、牢固、多渠道的知识提供源。知识获取的方式包括知识发现,但更重要的是学习。

基于知识竞争的人力资源管理实践能使员工更好地响应知识环境的快速变化,更有效地对员工的隐性知识和能力进行管理。根据知识视角的能力观,个体知识管理能力的获取渠道有两个:通过组织内部获取个体能力,通过组织外部获取临时能力。下面分别展开相应的分析。

4.7 通过组织内部获取个体能力

通过组织内部获取个体能力并增加组织能力库存的方法主要有:雇用新员工和现有员工能力识别与培养,两者的理论基础为人力资本理论。知识环境下的工作设计也是一种通过组织内部获取个体能力的重要方法。

4.7.1 人力资本理论

人力资本理论是 20 世纪出现的最重要的经济理论之一。其最重要的代表人物是美国经济学家舒尔茨和贝克尔。舒尔茨认为,完整的资本概念应该包括物力资本和人力资本两方面。前者体现在物质产品上,后者则附于劳动者身上,体现为凝聚在其身上的知识、技能。因此,解释战后西欧国家如此迅速复兴,以及国民收入的增长一直高于物质资本投入的增长等一系列问题,不能单纯地从自然资源、实物资本、劳动力的角度入手,应当引入更重要的生产要素——人力资本。他同时强调,人力资本和物力资本在投资收益率上是有差别的,人力资本的收益率高于后者;教育是人力资本形成的主要来源。贝克尔对人力资本理论的突出贡献主要表现在对人力资本的微观分析上。他从家庭生产和个人资源分配角度系统地阐述了人力资本与人力资本投资问题,为人力资本的性质、人力资本投资行为提供了具有说服力的理论解释。人力资本理论在其自身理论体系不断深入完善的基础上,进一步向更广泛的研究领域扩展,并大大促进了相应领域的研究进展。进一步确定了人力资本和人力资本投资在经济增长和发展中的重要作用。

人力资本投资就是通过对人力资源一定的投入(货币、资本或实物),使人力资源质量及数量指标均有所提高,并且这种改善最终反映在劳动产出的增加上的一种投资行为(吴国存,1999)。舒尔茨将其分为五方面的内容:医疗和保健,在职人员培训,用于各种正规教育方面的投资,成人教育方面的投资,个人和家庭适应于变换就业机会的迁移的费用。

投资者进行投资活动的目的之一就是获取收益。"谁投资,谁获益",这是市场经济的原则。但是,由于人力资本是一种无形资本,它潜藏于人体之中,投资者无法将其拿出来单独投资,而只有通过其载体——人力资源的活动才能获得。因此,对人力资本投资首先获益的往往是人力资源个体,即被投资者;而投资者则只有通过人力资源的各种活动才能受益。再者,对人力资本的投资可以由社会、企业或个人三方中的任一方(或几方)承担,但收益却三方都可获得。比如,企业支付一定的费用对员工进行必要的人力资本投资,获得的收益是由于员工生产技能(或其他技能)提高引发的企业效益的上升。同时,因为企业是社会经济的组成细胞,其发展必然推动社会的进步,给社会带来效益。随着现代企业的发展,人力资本投资趋向于由几个方面联合完成,这样更有利于调动投资的积极性。

在其他生产要素投入不变的前提条件下,企业人力资本存量对总产量的贡献程度如图4-4所示。在图4-4中,二者呈现一种正向的关系,人力资本存量越高则对企业总产量的贡献程度越大。这反映两个问题:① 人力资本存量上升,表明员工掌握的各种技能水平提高,从而推动劳动生产率提高。② 人力资本存量上升,员工可利用先进的技能、对既定的物质生产资料进行深度地开发、利用,通过提高资源利用率的方法来降低单位存料的消耗,从而降低产品成本,提高产量。

另外,在曲线OA段,即人力资本存量提升的初期阶段,其对企业产量贡献程度的上升幅度小;而在AB段,每增加一单位人力资本对产量贡献程度的上升幅度要大于OA段上每单位人力资本带来的产量贡献程度的上升幅度。这说明人力资本存量水平越高对企业贡献越大。据联合国教科文组织的资料表明:与文盲相比,小学毕业生可提高劳动生产率43%,初中毕业生可提高108%,而大学毕业生却可达300%。从人类发展的眼光看,人力资本的潜能是无限的,人类拥有的知识、技能对客观事物的创造力也是无限的,因此产量的提高也将是无限的。

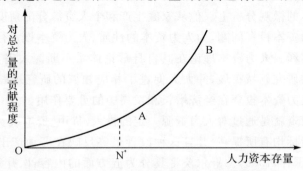

图4-4 企业人力资本存量对总产量贡献程度

4.7.2 为基于知识的竞争而雇佣

在知识竞争时代,一个重要的成功因素是确定那些有所要求的技能、知识和个性,雇用那些能有效地适应今天的竞争环境的个体,并且确信他们接受工作。本节,我们探讨组织中具有知识竞争特征的知识员工的雇佣和甄选,因为他们负责组织基于知识战略的执行。而且,具有知识管理能力特征的新员工能增加组织能力库存。

从知识竞争情境中选择有效工作的员工,首先要理解在这样的环境下哪些因素构成更有效的行为(参见第2章),在这些行为表现下测度个体属性并且讨论最能预测这些行为的选择过程,可以带来组织需要的行为能力,达到增加组织能力库存的目的。

1. 基于知识竞争绩效的个体属性

在研究基于知识竞争的预测方法的有效性时,大量文献关注于研究个性特征和与创造性相关的个性特点上(Barron, Harrington, 1981)。这些研究从传记数据到评估认知类型与智力来分析个性特征(Barron, Harrington, 1981; Davis, 1989)。从总体来看,已发现相当稳定的和核心的一系列个性特征,这些个性特征能够在不同背景下明确测量个人的创造性。这些特征包括,广泛兴趣、勇于面对复杂性、直觉力、艺术敏感度、对含糊事物的容忍度、自信。另一些研究者提出一些组织中适应性绩效预测的研究可用来预测知识竞争绩效。如合作意愿、乐于求知、开创性、成就激励、环境适应性、人际适应性、率真、对含糊事物的宽容度和情绪稳定性(Judge, Thoresen, Pucik, , Welhoume, 1999; Pulakos, Dorsey, 2000; Whitbourne, 1986)。然而,还有一些研究者提出和检验了一系列认知方面的变量作为对适应力、创新力和一般绩效的测度。诸如推理能力、批判性思维、思维流畅性和书面或口头沟通技巧等结构都和这里定义的基于知识的绩效相关。

表4-3定义了最相关的预测结构——模型里包含的内容是与绩效维度高相关性的。不同的预测模型与不同的绩效维度相关。然而,认知要素对所有三个维度均表现出较强的相关性。例如:推理能力、批判性思考能力、解决问题的能力与建立和应用知识有相关性,写作能力与共享知识有相关性,阅读和学习与知识的"保鲜"存在相关性。因此,对一般智力的测度,将是一个对知识竞争绩效作预测的好方法。

表 4-3 基于绩效维度的最相关行为预测结构

* 构建和应用知识
  推理能力:从一系列事实、认知方式或趋势得出某种结论,来决定行为结果
  批判性思维:利用逻辑与分析方法去识别不同方法的优势与缺陷
      衡量潜在行为或决定的成本与收益
  思维流畅性:对于一个给定的题目产生一定数量的想法
      应用旧的观点到新的情况或者产生新的组合
  创造性:发展一个创新的观点或创造性地解决问题
  信息收集:高效地、有效地识别、定位和获得必要信息
  信息整合:综合和集成零星信息,使之成为有意义的概念和观点
  问题解决:定义与定位问题,发展解决方案
  首创性:定义机会,显示首创性,采取行动带来有意义的变革
  内容相关的经验:与一个领域相关的以前的工作和培训经验
  专门领域知识:掌握特定领域的知识

* 分享知识
  积极倾听:聆听其他人意见时适当地提出问题
  写:基于读者的需要以写的方式高效交流
  说:高效地口头传达信息
  人际关系灵活性:使自身行为在更大范围内适应人际的需要
  合作:为共同目标与他人高效合作,努力达成组织目标

* 维持知识
  阅读理解:理解工作文档中的内容
  学习意愿:学习新知识的热情与好奇心

2. 基于知识竞争的雇佣策略、雇佣来源和甄选措施

  传统人力资源管理意义上,雇主能够控制员工的招聘过程,而如今,知识员工有能力为自己创造新的工作机会,并不完全由雇主决定。在网络招聘公司的网站上雇员可以把自己当作明星来对待,如找一个机构去规划自己的职业生涯,并且把自己"销售"给出价最高的雇主。综上,这些都要求我们在设计或实行对知识性员工的招聘时有所注意。基于知识竞争的雇佣策略、雇佣来源和甄选措施简表见表4-4。

表 4-4　基于知识竞争的雇佣策略、雇佣来源和甄选措施

雇佣策略	雇佣来源	甄选措施
许多知识型员工寻求参与创新性工作的机会,他们喜欢用最新的技术工作。在为招聘知识型员工设计材料和沟通时,可通过宣传这些因素获得极大的利益	知识性员工通常是密切联系和忠于其职业的专业人员,因此,更容易获取候选人的渠道有专业学会、协会、会议和出版物	在知识竞争情境中选择有效工作的员工,首先必须明确我们预期的表现是什么,然后在这一行为表现下测度个体属性并且讨论最能预测这一行为的选择过程
组织在为知识竞争雇用员工时应该通过创造创新领袖或提供与知识型员工个性和爱好匹配的文化的形象和声誉来提升他们的竞争优势	由于知识型员工更多地与高科技接触,那么互联网在招聘知识型员工的时候可能就是一个更有效的手段	纸-笔用来测度任何前面提出的模型都是比较成熟的(如认知能力和个性结构的测量)
强调个人-组织匹配的招聘策略	通过组织内部原有员工举荐	基于经验的结构化面试
成功招聘理想的知识员工的关键策略是提供有吸引力的薪酬包	工作搜索和选择的非正式途径,如朋友举荐	评估与既定组织相关的隐性的和显性的知识及工作,对于预测建立和应用知识的绩效非常重要
良好的招聘和选择策略。在基于知识竞争的快节奏环境中,组织采取费时的层层选拔员工的策略是不明智的,因为员工很有可能已经被别的组织以更快更好的招聘方式吸引走了	通过猎头公司,从竞争对手手中将目标员工"挖"过来。雇用一个有经验的员工可以很容易地使组织的业务扩展到一个由该员工创造的新的区域	最后,在招聘过程中我们还要留意申请人的反映(Ployhart, Ryan, Bennett, 1999)。尽管组织希望找寻最优表现者,但是这种渴望必须与其他组织去寻找最优员工时的速度和候选人对加入某一组织的难易程度的知觉相平衡

续表

雇佣策略	雇佣来源	甄选措施
尤其是高竞争性的环境中,招聘过程应更合理化,需要高效率地评估技能	首先确定组织中哪里需要的是明星员工那里需要的是仅仅能胜任工作就够了的员工	招聘次优员工而不是选择最优工策略,不仅帮助组织决定他们招聘的优先级而且使组织资源得以合理分配

4.7.3 现有员工能力培养

在人才流动变得相对容易的今天,获得能力提高机会的吸引力已经超过了短期内获得高薪机会的吸引力。在知识管理的微观层面上,如何便于员工获取知识,以及如何转移组织中的隐形知识是同人力资源活动息息相关的。

在传统的人事管理中,因为工作性质的稳定性,工作所需的工作技能多数是外显的,组织主要靠课堂培训的方式帮助员工获得工作所需的技能。但在今天的组织环境中,对知识工作者而言,工作所需的工作技能不是单纯的"纯知识",更多的是一种同具体工作密切相关的"程序性"知识和技能。因此,组织中的学习方式应该由传统的正式的、课程驱动的、组织控制的方式转变为今天的基于经验的、隐性的、正式与非正式相结合、个人控制的学习方式(Garavan,et al,2002)。自我学习成为组织的中心模式并不意味着组织人力资源部在个人学习中作用的淡化,而是职能调整和角色改变。提倡和促进"自我学习"成为人力资源部在新的环境条件下的重要职能。Garavan(2002)系统归纳了学习范式的变化,认为传统的学习范式在学习方式、组织概念、学习环境、学习频率等多方面都发生了巨大的变化,以工作场所中的学习为代表的新的范式正逐步成为组织中的主要学习方式,两种学习范式的具体差异见表 4-5(王勇,2002)。

表 4-5 学习范式的变化

传统范式	变化点	新范式
正式的;内容驱动的;组织控制	学习方式	经验式的;隐性的、正式和非正式的;个人控制的
层级式、个人为中心的、层次多且界限分明的结构;确定的边界	组织的概念	团队为中心的;一体的;扁平和灵活的结构;虚拟和网络组织

续表

传统范式	变化点	新范式
基于课程的;专门的建筑和地点	学习场所/物理情景	实时性,任何时间、任何地点;虚拟学习
一次性的、间歇性的、非连续的	学习频率	持续性的学习过程
个人和工作层次主导	学习层次	个人、工作、团队和组织层次的
技能获得;提升个人能力	学习活动的目标	建构能力;解决实际问题;改善认知过程,获取技能和增加可雇用性
在传输过程中的作用很小	技术角色	便利任何时间,任何地点的新方案产生,实时传输
通过听而学;课堂式学习;专题讨论、演说等;被动的学习者和有限的参与;个人为中心	学习方法	干中学;学会如何学;整合式学习;经验式学习;交谈、网络,基于行动的项目;个性化的和团队为中心的学习
反应式的;策略式的;外围的;着眼于降低成本	学习的中心	预先式的,战略式的;以竞争优势为中心
外部提供者和内部培训师;主题专家;顾问;管理教育	学习教员/社会情景	团队领导、直线上级、内部顾问、自我管理的同事、竞争对手、顾客、学习网络
说教式的,正式的	学习过程	非正式的,经验式的,偶然式的;社会交换
人工设计的学习环境;孤立的,不同时的	情境	持续的、实时的;情境式学习

1. 常用的培训和开发方法

(1)互联网和内联网工具。信息技术基础设施中的培训和开发组件包括远程学习、基于 web 的培训、电子化学习和仿真。基于此的知识管理可以通过多种类型的交互式会议在员工之间进行高效的知识交流(Wiig,1999)。同时,基于 internet 和 intranet 的知识管理技术提供了环境以帮助员工们协调自己的行为 (Baek, Liebowitz, Prasad, Granger, 1999)。而且,许多知识工作包括自导向学习(比如寻找信息以完成一个工程),学习技术提供了支持这些学习的组织结构

(Romiszowski,1997)。

远程学习是知识组织的一个强大的工具,因为它帮助物理上分离或者在不同地点的员工使用无线电、电视、计算机等媒体更加有效地获取和共享知识(Wiig,1999),而不需要一个"实时"(在线)的教师(Hill,1996)。但是如果隐性知识存在于企业的某个部门,使用远程学习将很容易实现企业中地理上远离的部门之间的共享。

基于 web 的培训是指利用万维网的特点创造一个积极的学习环境(Khanna,1998)。积极的学习环境包括学习评价、反馈、多种实践练习以及学员控制。另外,基于 web 的培训提供给学员接触额外资源的机会,包括网页、教员、新学员、聊天室和公告板,这些可以增强学习经验,促进显性和隐性知识交流。

(2)社会促进。知识管理是一种社会行为,行为学习以及学习或实践社区的使用将有助于智力资本的创造。行为学习包括的内容有:给一个团队制定一个实际的商业问题去解决,形成一个行动计划,并有责任执行这个计划(Dotlich, Noel,1998)。团队需要做些研究,走访工厂或者顾客去理解问题,然后形成解决办法,是建立智力资本和共享隐性知识的好办法。

学习和实践社区中有大量员工一起工作,互相学习,社区中包含了可以在教室教育中找到的正规信息,同时还有使得信息在工作环境起作用的社交活动。学习和实践社区的例子包括基于 internet 和 intranet 的讨论板、列表服务器以及其他人们可以交换消息的以计算机为媒介的通信方式。在学习和实践社区中,为了找到解决工作问题或任务的创新办法,单个员工之间快速地共享知识,因此创造了智力资本。对于缺乏经验的员工来说,社区也有助于加速找到工作问题。

(3)工作中的学习途径。根据文献检索,常用的 18 种工作能力发展的学习途径有:自我分析和反思,向经验丰富的同事一起学习,自己阅读专业期刊和书籍,干中学,尝试和指派新的工作任务,以团队的方式工作,公司外部培训,公司内部培训,直线管理者的指导,小组和项目会议,特殊的工作任务项目,共同兴趣者形成的非正式学习网络,在指导别人中学习,组织外部的各种学术和研讨会,工作轮换,导师制或师徒关系,向楷模和榜样学习,借调。

2. 通过职业发展开发能力

任一时点上知识工作者所具有的人力资本存量,是该时点前很长一段时间内个人学习和逐步积累的结果。要系统地考察个人能力的发展和增长过程,需要从职业发展观的角度,在一个较长的时间跨度内进行考察。

(1)基于能力观的职业发展新范式。在基于竞争的环境中,知识工作者内在职业价值观的特征以及组织内外环境的变化,使得传统线性的、基于单个组织的职业发展模式和理论已经不能反映其职业发展的实际,因而也无法对新形势下知识工作者的职业发展以及企业职业管理实践提供实质性的指导。

正如 Arthur 所界定的那样,所谓职业,就是"随着时间而不断演进的个人工作经历组成的序列"。由此可以看到,从表面上看,职业描绘的是个人工作经历的结构,而不是这些结构之间的内在关系。若将触角伸到这些结构之间的内在依存关系,以及工作经历背后,就不难发现知识工作者职业的独特之处——将工作经历丰富化和多样化作为能力获取的手段,实现职业发展路径同个人能力发展路径的统一。

因此,可以将知识工作者的职业发展过程理解为通过不断演进的一系列工作经历,获取和积累体现于工作能力中的信息与知识的过程。这一理解对传统职业发展理论的突破在于不再是单纯地将职业发展视为在某一单位内的职位晋升,而是将职业发展视为个人能力的发展,当然在这一过程中也包括职位的升迁,但更多的是工作经历的变迁以及与工作经历变迁相伴的能力增长。

对新环境下的知识工作者而言,一方面知识工作者所追求的是"能力发展"而不是"雇佣安全";另一方面,新的环境使得组织也不可能为大多数员工提供终身就业和持续的雇佣关系,因此,在能力观的职业发展范式下,企业和个人之间形成的雇佣关系,内隐的心理契约是个人用"绩效"换取"持续的学习机会",用以发展个人能力和增强自己的可雇佣性(Arthur,Claman,1992)。

在传统的职业范式中,由于个人终身为一个企业工作,所以发展和着重培养的是组织所需的专门能力,而对知识工作者而言,在发展能力时,不仅要考虑到组织的需要,同时还要考虑所获得的能力的可转移性,因此所发展的能力既有部分组织所需的特殊能力,也有转移性很强的通用能力。正是能力类型的不同,导致了在不同的职业发展范式下职业管理的责任主体不同。传统职业发展范式中,组织对个人的职业发展负责,负责员工职业生涯的规划,设计个人在组织中的职业发展路径。而在能力观的职业发展范式中,知识工作者的职业是跨组织边界的,个人既需要发展转移性高的通用能力,也要根据组织核心能力的要求,发展和培养组织的专有能力。因此,个人的职业,是组织与个人互动的结果,组织和知识工作者本人对个人的职业共同负责。

个人的发展是离不开组织的,虽然组织不再为其员工进行职业规划和职业生涯的设计,但是组织在个人的职业发展中仍然扮演着重要的角色,组织中的管理实践,有意识的工作与岗位的安排,对个人职业和能力的发展都会产生重要的影响。

传统职业观用外在的回报作为衡量职业成功的标准,如职位的升迁、薪水的增加和社会地位的提升等,而在能力观的职业观中,知识工作者追求的更多的是自我实现。

在传统的职业中,个人能力的发展主要依靠企业各种正式的培训计划,而在能力观的职业发展范式中,工作场所中的学习是能力发展的主要方式(见表4-6)。

表4-6 传统职业发展范式与能力观职业发展范式对比

比较要素	传统职业发展范式	能力观的职业发展范式
心理契约	以对组织忠诚换取就业保障	以绩效换取持续学习机会和能力发展机会
职业发展的组织边界	一个或两个	可以在一个组织也可在多个组织
有效能力类型	企业所需的专门能力	通用能力和企业所需的专门能力
成功的衡量标准	外在标准:晋升、加薪等	所感知的工作意义,自我实现
能力培养的主要方式	各种正式培训	工作中的学习
职业阶段的界限	年龄	学习

(2)多雇佣模式下员工群体的职业发展模式。职业生涯的管理需要考虑的因素是多方面的,既有组织层面的,也有个人层面的。组织在管理员工的职业生涯时,还要进一步结合个体人力资本相对于组织的价值进行分类管理。Lepak 和 Snell(1999)根据个人所拥有的人力资本的独特性和相对于组织的价值两个维度对企业员工进行分类,从而提出不同的雇佣和人力资本培养模式。

对于价值高、市场稀缺和独特的人力资本,宜采用组织内职业的发展模式,通过对职业有组织地系统安排,发展该类人力资本,拥有该类人力资本的员工,往往是组织的核心员工。对于价值低但市场稀缺的人力资本,可以考虑采用联盟的方式培养,发展组织间的职业;至于市场充足的人力资本,可采取完全市场化的手段,无须通过专门的组织方式进行开发,因此"建构式"或"游牧式"的职业发展模式成为该类人力资本发展的主导模式。在建构式职业发展模式下,个人每隔一段时间就会变换自己的职业领域、工作单位。从表面上看,相邻工作经历间的联系不明显,但实质上这些经历间具有内在的有机联系,最终这些职业经历中积累的能力具有很强的协同性,形成个人较完整的能力。在游牧式的职业发展模式下,不同工作经历间基本上没有什么联系,能力发展没有太多的累积性,遵循该职业模式的个人,其职业动机在于追求个人自由、独立。

另外,组织在进行职业生涯管理时,需要将职业生涯的管理同人力资源开发和员工能力发展统一起来。根据组织对具体人力资本类型的需求,结合员工的职业动机和职业倾向,对员工的职业发展路径进行相应的引导,为员工提供各种可供选择的职业发展路径,从而使个人的能力在工作中得到最大程度的发挥。

4.8 通过组织外部获取临时能力

4.8.1 交易成本理论

交易成本理论(Transaction Cost Theory,TCT)是近年来日趋完善的制度经济学的一个重要分支,它有效地解决了企业存在的合理性问题,并被广泛地应用到经济、管理的各个领域之中。

交易成本理论认为经济活动总是伴随着交易而进行的,同时交易过程是有成本的。它是以交易成本为基本分析工具,研究经济组织和各种制度安排的产生与发展。在制度经济学看来,企业合作是为了在市场交易中寻求一种交易成本最低而组织成本不高的制度安排。

Williamson(1985)对交易成本的决定因素进行了分析,将其归纳为以下两组。

第一组因素是交易主体行为的两个基本特征:有限理性和机会主义行为。由于人的有限理性,任何合约都不可能对以后可能发生的各种情况做出周密详尽的描述和规定,因此在履行合约过程中若发生了事先未曾预料的偶发事件,某一方就会钻合约的空子,以争取对自己有利的条件,并占对方的便宜,即发生了所谓的机会主义行为。由于"契约人"有限理性和机会主义行为的存在,导致了交易活动的不确定性和复杂性,使交易成本增加,因此某种制度安排和交易方式的选择成为必要。

第二组因素是有关交易过程特性的三个维度:资产专用性、交易的不确定性和交易频率。交易成本和这些交易特性密切相关。

(1)资产专用性。当一项耐久性投资被用于支持某些特定的交易时,所投入的资产即具有专用性。在这种场合,假如交易资产已经投入而交易被终止,所投入的资产将全部或部分的因无法改作他用而损失。资产专用性主要有4种类型:场地专用性、物质资产专用性、人力资产专用性以及专用的资产。

(2)交易重复发生的频率。即在某个固定的时间区段内交易发生次数的多寡。交易频率与交易成本线性相关,频繁的交易行为意味着反复的签约,因而导致较高的签约成本和交易费用。

(3)交易的不确定性。由于市场环境的复杂多变,使交易双方的稳定性受到影响,进而增加履约风险。由于与交易有关的不确定性在交易进行时无法预测和不可控制,影响力无法预测。

在人力资源管理促进员工能力获取的实践中,现有的员工可能缺乏所需的知识背景或能力去掌握必要的知识,或者员工掌握所需知识有可能花费太长时间,在这种情况下,企业可以使用兼并,收购,战略联盟和合同员工来获得拥有恰当知识的新成员。从交易成本理论的角度看,企业为获取知识而进行的合作是为了在市场交易中寻求一种交易成本最低而组织成本不高的制度安排。

4.8.2 知识获取替代战略

企业只有在以知识为基础的经济环境中有效地获取知识,才能够创造和维持一个竞争优势。然而在知识竞争日益激烈的今天,内部开发能力不足的公司,被迫采用其他战略去寻找所需知识。跨越组织边界来获得知识的主要方式就是建立申请许可、控股、结盟、合资、兼并和收购。因此,必须了解并且可以有效地运用这些方法,才能建立并维持企业的竞争优势。

直到现在,获取知识的替代战略一般被限制在那些不太重要的、不确定性和风险较小的项目上,而在非常重要的、不确定性和风险较高的项目,则由于组织内的机会恐惧主义的存在,使得运用受到了限制(Williamson,1975;Teece,1986)。然而技术的不确定性和其快速的变化增加了单一依靠内部发展的风险和困难,替代的战略在今天这种不确定性高的环境里,可以有效地降低风险,就成为一种常见的选择。

1. 获取知识的替代战略

按照 Williamson(1991)的观点,混合型的组织结构涉及协议双方并依赖于他们,但同时可以保持合作双方的独立性的一种契约的形式。这种形式的组织结构被人们认为可以在良好地适应与伙伴的合作关系的同时保持良好的市场表现。就混合组织形式而言,从简单的联合经营到复杂的联盟,合作的双方共同投资,互相传递技术以强化研发的能力,去共同追求一个新的市场或者是一项新的技术。混合型的组织结构一般可分为两大类:战略联盟和合资企业。合资企业被看作是一个独特的混合结构的例子,合资企业创造了一个共同拥有的组织,以实现其发展目标的联盟,这个组织的建立,可以帮助合作双方有效地改变他们之间的关系。

(1)战略联盟。在不同的文献中,有多种关于战略联盟的定义。本研究采用的战略联盟定义为两个或者多个合作伙伴一起合作来实现单个企业无法创造的价值(Jorde,Teece,1989)。这个定义可以适用于广泛的跨组织之间的合作,从简单的联合经营或合作制造到复杂的几个业主间的合作。

关于战略联盟的研究中有几个流派。其中之一关注于组织之间的关系和他们的研发能力，这一流派的学者研究发现，一般情况下，企业的产品开发比例和企业在研究上联盟的价值间存在积极的关系。另一个流派的研究集中在联盟对于企业业绩的作用上(Hamel，1991)。这种研究的结果趋于强调联盟成员间的相互学习对于联盟和单个企业绩效和竞争优势的作用，而且普遍认为，联盟的参与者受益于联盟，但同时由于技术的转移需要承担因此而来的风险和产生对于伙伴的依赖性。(Mitchell，Singh，1996；Singh，Mitchell，1996；Khanna，Gulati，Nohria，1998)。

学者们开始关注于在企业能力发展和跨组织学习中联盟的角色(Lane，Lubatldn，1998；Dussuage，Garrette，Mitchell，2000)。证据显示，联盟中的小公司通过获取和利用别人发展的技术可以更加快速的、以较小的不确定性发展(Grant，Baden，Fuller，1995；Lane，Lubatkin，1998)。当相互学习成为联盟的主要议题，如何创造条件，使知识的学习更加有效就成为关键所在。Lane and Lubatkin (1998)发现，联盟内部成员间的相互学习能力取决于成员间各自的知识基础和其内部的知识运用体系的相似性的强弱。Simonin (1999)认为，知识的特性和其复杂性是影响知识跨界传输能力的重要因素。Dussuage等人(2000)还发现，不同的软件联盟，由于所传播的知识的不同类，导致了联盟中不同的学习机会和不等的联盟产出。这些研究结果表明，联盟的运作模式和所转移的知识的类型和知识的复杂性和歧义性，共同影响着知识在联盟各方间的传递。

(2)兼并和收购。各种迹象表明，兼并和并购的理由正在发生着转变。20世纪90年代以来，交易的重点从横向或纵向兼并和传统产业转向知识产业，如软件、制药、生物科技、电子和电信业(Ranft，Lord，2000)。同时，收购的目的从实现规模经济、提高市场力量或地域扩张变成为了掌握新的技能、知识、能力和专长(Ahuja，Katila，2001；Kozin，Young，1994)。

当一家公司取得了另一家公司的控股权之后，收购就发生了。兼并发生时，两家公司联合起来，通过结合自己的业务和资产，成为一个单一的所有制结构，兼并一般被视作平等和合作地被收购。这些交易有着明显的影响，而不考虑以前双方是否敌对，收购后便拥有了被收购公司的控制权。从市场失灵的角度来看，正是技术获取能力的缺乏导致了以获取技术为基础的并购。因为技术、技能、渠道和能力和一个公司是不可分割的一个整体，收购一个公司的动机就是获得整个公司，而后合理布置公司资源来获得利润(Karim，Mitchell，2000)。Karim等人的研究结果显示出并购不但可以深化企业当前的技术库，而且可以将企业的技术库拓展到一个新的领域(Karim，Mitchell，2000)。事实上，Vermeulen和Barkema发现了论据来支持他们的论断，他们的样本公司采用兼并或收购，以获取新知识，然后再发挥杠杆作用(Vermeulen,Barkema,2001)。

另外一个流派在知识获取和收购的关系研究上,着眼于信息对公司高层的作用和对于新知识的整合。研究人员现在也把成功收购的焦点放在如何保留关键技术人员上。高科技领域的领导人会利用收购小型公司来掌握关键技术,如思科通过收购几家小公司来获得它所需求的光学方面的技术(Wysocki,1997)。这些公司收购的目的并不在于被收购公司的产品或者是资产,而是它的知识技术和人员的才华以及他们的技术团队,以此来获得某领域的领先地位,迅速占领有重要战略地位的领域和地区(Ranft,Lord,2000)。事实上,有证据表明,对于评价一次成功的收购行动,保留对方关键的技术人员要比保留对方的高层管理者更重要(Ranft,Lord,2000)。

2. 替代战略的选择

当企业进行企业外获取知识时使用哪种方法的决策时,管理者需要权衡一些不确定性。事实上,在决策过程中战略重要性是第一位的,其次是考虑当前知识基础的知识距离,最后是思考要获取的知识类型。

(1)知识的战略重要性。在公司中知识的另外一个重要特点是其战略重要性。它对于公司未来的竞争优势或者保持现有竞争优势有多少重要?这些是决定保持知识控制权的关键问题。如果获取的知识对于战略非常重要,那么对于知识的控制就会非常重要,因为缺少控制会泄露公司的机会选择并威胁公司的未来。在战略重要性非常高的情况下选择的方法就是收购或者兼并,以获取知识的控制权。相反,如果知识非常有用但是对于保持竞争优势并不重要,那么简单的特许或者联盟就是很适合的方法。特许和联盟使得在获取知识过程中必要的管理资源和财务支出最小,使公司的资源能把资源集中到具有战略重要性的知识上来。

(2)知识基础的距离。早期理论和实证研究已经表明一个组织学习或者吸收新知识的能力是建立在目前的知识基础之上的(Cohen, Levinthal,1989)。目前的工作已经发现当知识基础联系比较紧密时简单特许和联盟是最适合的知识获取模式。获取知识的公司在该领域拥有获取知识的途径并具有较强的能力来吸收这些知识。当知识基础合理联系在一起的情况下,联盟和特许是否是合理的方法依赖于知识的战略重要性。因为在知识基础中有一些计划之外的东西,获取知识的公司处在判断知识质量和汲取知识的位置。尽管如此,当获取知识的公司试图扩张到一个新的领域时,相关前沿知识的缺乏会削弱它判断目标公司知识基础和汲取新知识的能力。在这种情况下联盟或者组合风险会使公司在不确定下学习和扩大它的知识基础。这个战略风险使获取知识的时间推迟、选择了错误的合作者、获取知识只有很少的价值的可能性产生。

(3)知识的类型。一个企业最深层次的知识在观念上被认为是存量和流量的统一,它能够促使企业更好的发展。知识的存量聚集形成的知识资产是一个企业或者组织的核心,同时知识的流量是企业知识资源的源泉或者是企业的一部分,它可以经历时间聚集而提升为知识的存量。资产存量通过选择适当的路径实现内部发展,是汲取一段时间外部流量并把这些流量转化为知识存量并经历时间而累积起来的,把知识流量转化为存量是通过制定组织规章制度,或者把这些知识流量转化为产品和服务实现的。

由上述可知,知识具有存量和流量的特征。另外,知识通常被划分为显性和隐性知识。通过结合这两个特征,我们得到知识的4种分类:隐性存量,显性存量,隐性流量,显性流量。

显性存量知识是最容易从公司外获得的一种知识。如既定的规则、算法、软件系统等等。这些知识因为易于文档化且可以培训,都容易传递。相反,隐性存量知识就给获取知识的公司带来了一些挑战。一个可以做出丰盛餐宴的厨师的烹饪技术就是隐含存量知识的一个例子。虽然这个厨师可以写出和传授他的烹饪方法,但是关于菜肴的颜色、他试图达到的特殊口感和达到最高菜肴质量的因素,这些知识并不容易传授。要获取他的知识存量就要要求大量的直接交流甚至是得到厨师本身这个人。隐含知识的获取要求一个最小规模的战略联盟。

显性知识流量对获取它的公司设置了一个挑战。虽然知识流量由于其开放性特征易于在各种界限之间传递,但是新的知识流量的不断发展和更新对于公司也十分重要。各种电脑软件技术的不断发展和改进,满足了不断增大的关键基础数据和记忆数据,这就是显性知识流量的一个例子。它具有非常重要的作用并且易于被保护,但智力资产因为它的开放性易于传播和学习。因此,知识的获取者需要一直保持对知识流量源头的控制权和保持知识产生的途径和通道。一个可行的解决方法就是控制知识源头,同时关注随着产生的新知识而达成共识以获取专业知识。举例来说,一个公司可以控制一个大学中的生物信息实验室,并且可以拿到发现新的重要的算法。如果知识流量具有重要的战略价值,一个更加具有长期性的协议——战略联盟就成为一个可行且有效的方法。他们允许公司在一些价值潜力的流量保证有排他权利,就是因为它的开放性和在界线之间易于传播的性质,公司可以免除在获取协议中的花费和资源。

隐含流量知识是获取知识中最难和最频繁、最重要的一类。这些知识的质量、价值和使用都具有高度的不确定性,但对竞争非常重要。专家相信开发出能显著增加互联网信息传输速度这项技术的公司将会在市场中具有明显和持久的竞争优势。该项技术综合了物理、光学、工程、材料科学和其他领域的基础概念,但是在这个领域的开发过程的复杂性和不确定性使得在组织界限之间传递信息非常困难。

在每一种情况下,联盟和并购的组合都被用来获取知识。Cisco 系统、英特尔和微软都利用联盟和共营模式来保持其知识优势。Cisco 在 1994 年到 1997 年之间单独获取了超过 30 多家公司,首席执行官 John Chambers 指出公司通过这些兼并获取了很多关键技术并且保留了技术熟练的雇员。Cisco 公司所关注的兼并并不是公司的资产储备,它所关注的是公司中有能力的技术团队的隐性知识流量。

(4)知识获取替代战略的权变模型。一旦知识的战略重要性被确定,必须准确界定公司目前知识基础所确定的知识距离,知识的距离影响公司的评价质量和吸收的能力。知识距离越大学习潜力就越大,但是未来的不确定性也就越高。获取的知识类型也对知识替代战略的选择具有影响。本书上述讨论的总结见表 4-7。

表 4-7 模型和权变

	知识类型				战略重要性		与公司现有知识库的距离		
	存量		流量						
	隐性	显性	隐性	显性	高	低	近	中	远
知识的特性	难以判定和转移——不能进行纯粹的市场交易	容易判定和转移——能进行纯粹的市场交易	难以判定和转移。由于新知识不断变化要求持续互动	容易判定和转移。由于新知识不断变化要求持续互动	需要控制——为避免机会主义风险内化的压力	无需控制——最小机会主义行为风险	易被同化。能够判断目标知识基的质量	能够判断质量。被同化方面具中等难度	难以判断质量。很难被同化

续 表

获得策略	知识类型				战略重要性		与公司现有知识库的距离		
	存量		流量		高	低	近	中	远
	隐性	显性	隐性	显性					
	收购或战略联盟	许可	外部联盟或收购——根据战略重要性或流动源	联盟	收购,外部许可	许可,联盟	许可或联盟——根据知识的类型	联盟或并购——根据战略重要性	联盟,学习机会,可选战略

4.9 基于IAM模型的员工能力测量和预警

4.9.1 IAM模型

斯威比(Sweiby)于1997年提出了一个无形资产的概念,其内容包括:① 外部结构,即商标、顾客和供应商关系等;② 内部结构,即管理、员工态度和研发(R&D)等;③ 员工个人能力,即员工的受教育程度、工作经验等。IAM(Intangible Asset Measurement)模型为三种无形资产确定了三项测量指标:成长和更新、效率及稳定性,并将所有的员工分为"专业人员"和"支持人员"两类。专业人员是那些从事计划、生产和提供产品以及直接与顾客接触的工作人员,他们是在测量"员工能力"时需要考虑的人员。而其他所有致力于保护、维持和发展内部结构,关注公司长期生存能力的员工(如会计、行政人员和接待人员等)被称为支持人员。

IAM模型从无形资产的三项测量指标:成长和更新、效率及稳定性中又分别细化了一些专门指标(见表4-8)。在逐一获取有关这些指标的数据和信息后就可以对组织无形资产做出全面的测量。

表 4-8　IAM 模型测量指标

员工能力	内部结构	外部结构
成长/更新指标	成长/更新指标	成长/更新指标
效率指标	效率指标	效率指标
稳定性指标	稳定性指标	稳定性指标

4.9.2　能力测量目的

测量员工能力有以下两个主要目的。

(1)在外部表现方面,公司需要尽可能准确地向各利益相关方、客户、债权人、股东报告其情况,使他们掌握了解企业管理的水准。对以知识竞争为主的企业来说,员工能力的动态状况是他们非常关注的,他们希望评估风险。

(2)在内部测量方面,是为了管理而用。管理层需要尽可能多地掌握员工能力发展变化的状况或趋向,这样才能对企业发展过程做出监控,并在需要时采取正确的行动。也就是说它提供了一个管理信息系统。

所以,测量的重点根据需求者的不同应有所不同。因此,管理信息应该注重于流动、变化以及控制数据。同时,对外报表应该包括关键指标和解释。

4.9.3　能力测量人群

本研究借鉴 IAM 方法,把所有的员工分成专业人员和支持人员这两类。

专业人员指的是那些进行计划、生产、处理或提供产品解决方案的人。那些从事财务、行政管理、接待等方面的人员只对内部结构做贡献,称为支持人员。

公司的项目中还牵涉合同员工、外部专家顾问和知识联盟伙伴,这些人员在企业外部网络中是十分重要的因素,知识型企业建立外部网络来支持知识转换过程。IAM 方法只考虑了独立的外包方并将独立的外包方包括在外部结构内,本研究将合同员工、外部专家顾问和知识联盟伙伴等算为企业专业人员的范畴,包括因为兼并收购而获得的专业人员,对这些专业人员的整体能力状态进行监测。

独立外包方的重要性在于他们可能会导致人们无法看清公司的边界和能力范围。员工在这些灰色地带执行着不同的工作任务。灰色地带的问题可以这样来解决:员工用在解决客户问题上的工作时间计算为专业人员的工作量;他们做其他工作时,则把其工作计算为内部结构的工作量。

本研究对专业人员的能力进行监测。所谓的能力是指专业人员的能力。

4.9.4 多雇佣模式下专业人员能力测量

我们这里所说的员工能力特指专业员工的能力。测量指标见表 4-9。

表 4-9 基于 IAM 模型的员工能力测量指标

成长/更新指标	效率指标	稳定性指标
从事专业时间	专业人员在企业员工中所占比例	平均年龄
受教育程度		资历
培训和教育支出	专业人员杠杆作用	相对薪资位置
等级	专业人员人均价值增值	专业人员流动率
专业人员流动		
可提升能力的客户		

1. 测量指标说明

(1)成长/更新。从事专业的年头——企业中专业人员从事相关专业的总年数。专业人员从事相关专业的总年数这个指标可以测量一个企业专业人员队伍的专业技能和经验。专业人员的人均专业经验则是测量每个个人的平均技能和经验水平的指标。专业人员的人均能力在两个年份之间发生的指标变化,表明了平均能力的变化,可以用于测量成长和更新率。

受教育的程度——受雇专业人员所受的教育程度会影响到对他们的能力,以及知识型企业取得未来成功能力的评估。正规教育是个有效的指标,因为学生在接受正规教育时学会如何处理大量信息。平均受教育年数也可以加以统计。平均受教育年数的变化情况可以看出企业是否正在改善其平均教育水平。保留此项信息的历史记录很有益处。既可以在企业内部使用,也可以和同一知识领域的其他企业进行比较。

培训和教育支出——在严重依赖员工知识和能力的知识型企业中,能力的开发是企业应该重点投资的项目,通常企业也是这样做的。但是这一事实在企业的财务报告中通常并不能表现出来,因为大部分知识并不是通过正规课程,而是通过承担客户项目和研发项目得到的。测量培训情况的指标包括培训的支出与收入的百分比,或者专业人员人均的培训天数。培训支出还应该包括所花费的时间,因为时间一般来说是最值钱的东西。

等级——一般来说,教育水平并不能准确地描述能力,更好的方法是分出等级。许多企业,特别是那些大型的跨国公司,对其高级管理人员分级,但是对其他员工则通常不分等级。当然,如果已经引入了职业发展讨论,对专业人员分级也并不困难。可以用五分制或者三分制的评分标准。当标准确定以后,可以用统计方法来进行分析。这样就可以很容易地跟踪能力在不同领域的开发情况、它随时间是怎样变化的,以及它是如何影响人才流动的,等等。

人才流动——假如用离开企业的专业人员的能力值除以新加入企业的专业人员的能力值,这个结果就显示出人才流动是如何影响企业能力的。

表4-10计算了一个拥有1 500名员工的企业的能力流动情况。经验年数的变化分成三个组成部分:新招聘人员带来了多少能力;由于员工离开,损失的能力有多少;替代离去人员导致的能力增加或减少有多少。替补人员有可能是合同员工、外部专家顾问和知识联盟伙伴或因为兼并收购而获得的专业人员。

表4-10 能力流动

能力流动(****年)	年 数	占总数的百分比
通过招聘获得的专业经验	150	1%
由离去员工损失的专业经验	−132	1%
由替补人员得到的专业经验	330	2%
能力净增	348	2%

注:百分比由年数除以1 500名员工总数得到。

增强能力的客户——因为专业人员的大部分时间都用在为客户工作上面,同时客户又是专业人员能力开发最重要的源泉。因此,通过计算对员工能力开发有贡献的客户项目所占比例,可以给我们带来有价值的信息。如果要求员工挑选他们认为能够学到知识的项目,诸如研发项目等等,收集这类信息会非常容易。

(2)效率。专业人员在企业员工中所占比例——这是一个关键的效率指标。也就是用专业人员人数除以公司员工总人数。这个指标用来测量专业人员对企业的重要性。假如,同一行业中的公司采用完全相同的方式来统计专业人员的话,这一指标则对于在这些企业之间进行比较非常有用。必须注意,不同行业中的专业人员比例往往是不同的,所以比较只能在同一个行业中进行。

杠杆效应指企业内部的专业人员对于企业创造收入的能力的影响程度。杠杆效应计算公式见表 4-11。公式包括了所有参与项目的人员,不论其是否领取工资。这样做有助于确定公司自己的专业人员创收的能力。杠杆作用可以体现在所有层次上,对所有类型的员工进行计算。

表 4-11 计算杠杆效应公式

通用效率指标	销售效率指标	全员效率指标	杠杆指标
专业人员人均利润=	$\dfrac{利润}{总收入}\times$	$\dfrac{总收入}{员工人数+外部合同工等相关人员数}\times$	$\dfrac{员工人数+外部合同工等相关人员数}{专业人员总数}$

其中:外部合同工等相关人员总数=外部合同工人数+顾问人数+知识联盟相关人员人数。

专业人员人均价值增值——该指标表明一个企业中的专业人员创造了多少价值。在知识型企业中,专业人员人均价值增值可以被认作是最纯正的测量生产经济价值能力的指标。专业人员创造的收入必须足以涵盖他们完成专业工作所产生的成本开销(即他们的差旅、办公室、秘书以及管理人员的费用),此外还有他们的工资、养老金等等。剩余成本的大部分用于工作设备及其折旧、维护其知识资本所需的培训。最后剩下的是利润,或者以股息形式发放给股东们,或者由企业用于扩大规模或者投资。

专业人员人均价值增值也可以用倒退法计算。就是将折旧和利息扣除前的利润与工资和员工社会保险相加起来。

专业人员创造利润的能力依赖于市场情况、公司管理效率和公司从所产生价值中拿出来直接支付其工资和分红的数额。对以知识竞争为主的企业来说,它们客户的市场状况也是一个关键因素。比如当建筑和房屋市场下降,建筑公司中建筑师的人均利润(以及价值增值)也会相应下降。在繁荣时期,情况则徊反。相比较而言,广告代理和软件咨询则可以在市场波动不止的情况下保持相对稳定的收入。

因为专业人员的薪水一般来说在知识型企业的预算中是最大的单项支出,因此利润受到薪资政策的影响。在合伙企业中,合伙人的工资经常被当作利润的调节器,尤其是在法律和小型咨询公司中更是如此。所以,当需要消除利润数字(即企业不需要产生利润)时,专业人员人均价值增值会是一个有价值的工具。

(3)稳定性。平均年龄——年龄大的员工比年轻员工要稳定得多,他们一般不愿意离开企业。一个有着一批年龄较大的专业人员的组织常比那些同行业中新建立的组织要稳定得多。因此,平均年龄是一个测量稳定性的很好的指标。像流动性和年资一样,平均年龄也是动态变化的一个测量指标:平均年龄高反映出一个有着更多智慧的稳定企业。如果管理人员没有注意到的话,一个企业的平均年龄有一种慢慢爬高的倾向。在一段长时间内平均年龄稳定上升是一个警告信号。依靠有意识的招聘政策,就能保持稳定的年龄结构。"年龄"和"经验"曲线对基于知识竞争的组织而言是十分重要的,必须严密监控。

利用成长指标和其他另外一些活动指标,瑞典《管理世界》在整个20世纪80年代,一直对员工平均年龄的变化实现了有效的控制,直到1991年不得不裁减其编辑人员时才发生改变。平均专业工作经验也保持稳定在相当高的水平。图4-5说明了这个情况。要在年龄和专业工作经验这两个指标之间保持平衡不是容易的事。就像图4-5中表明的,当企业停止成长时,年龄曲线便迅速上升。在1989—1991年间,瑞典出现严重的经济衰退,《管理世界》不再增长,这时其平均年龄曲线立即上升。

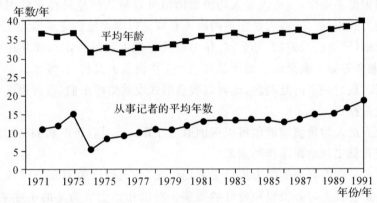

图4-5 瑞典《管理世界》杂志社的"年龄"和"经验"曲线

年资——是在同一个企业中人员受雇佣的时间。专业人员的年资是一个表现专业能力稳定性的指标。管理人员的年资可以指出企业内部结构的稳定性。

相对薪资位置——大部分行业和专业机构都有本行业薪资水平以及单个企业在薪资水平列表中的相对位置的统计数据。相对薪资水平一般是用指数来表达的,比如说,97或者是103。这样的表达有很好的信息价值,因为它测量了与竞争对手相比的相对支出水平。它还会影响到专业人员与薪酬相关的情绪。相对的薪酬水平是个很有价值的指标,它可以反映出其员工是否会去其他地方找工作。

专业人员流动比例——员工流动是一项测量企业稳定性的指标,这个指标容易计算并可与其他企业进行对比。非常低的流动(低于5%)显示了稳定,但只是静态情况。高流动(高于20%)一般来说表明了员工的不满意。流动量应该保持在一定的范围内。突然变化的流动率常常说明企业内部发生了变化。企业可以利用流动率作为管理工具来保证企业具有足够的活力。

应该注意的是，本研究提到的测量指标只是建议和举例，在应用时必须针对不同的企业做适当的调整。这些指标不是对所有的企业都适用，也不是在所有的情况下都适用。

所有测量系统都对比较感兴趣。测量无法说明任何问题，除非有一个参照对象例如另一家公司，进行比较。因此当我们对无形资产进行测量时，必须连续测量至少三个周期，然后才能评估结果的好坏。理想情况下，测量应该每年进行一次。

2. 测量体系运用的人力资源管理意义

基于 IAM 模型的员工能力监测方法是一种操作性很强的测量员工能力的方法，也是一种以简单、直观的方式展示测量员工能力相关指标的表达格式。其形式与格式特别适用于拥有大量无形资产的公司。它能够与公司的管理信息系统集成。指标的选择要有重点，不能多，要能够有效覆盖以下几个领域：成长/更新、创新、效率以及稳定性。其目的是对无形资产能够有一个更为全面的认识，所以每个类别下最好只分配 1~2 个指标。那些能够揭示、反映变革的指标最受欢迎，也就是反映企业成长、效率以及稳定性的指标，要对这些检测数值进行大量的说明、评论性工作。它可以被设计成为企业管理信息系统的一部分，或用来执行内部审计功能，为管理人员提供管理和控制的方法，如一个企业的平均年龄有一种慢慢爬高的倾向。在一段长时间内平均年龄稳定上升是一个警告信号。依靠有意识的招聘政策，就能保持稳定的年龄结构。表 4-12 为监控员工能力指标的一个简洁样本。

表 4-12　监控员工能力的一个简洁样本

员工能力
成长/更新
知识型增强客户销售额的比例
平均专业经验的增长（年数）
能力流失
效率
专业人员人均价值增值的改变
专业人员比例的变动
稳定性
专业人员流失率

通过关注那些指示企业变革以及知识流动的指标，关注员工能力的成长、更新

速度、使用效率以及退出风险,我们就能够清楚地了解和把握员工能力的发展过程,并进而采取招聘新员工、雇用合同员工、顾问或建立知识联盟、培训、职业发展、工作设计、开发知识共享和留人管理机制等来保证一个能快速适应组织知识竞争需要的能力的人力资源系统。

4.10 通过留住专业人员来留住知识

在知识竞争时代,知识员工在工作中积累的专业知识、专业技能和专业经验越来越复杂,知识含量越来越高,而且大量知识隐含在人的大脑中,雇员离职造成的人才的流失会使企业付出很大的代价。

Price(1999)曾对雇员离职给出了一个广义的定义:"个体作为组织成员状态的改变"。Mobley(1982)给出了一个狭义的定义:"从组织中获取物质收益的个体终止其组织成员关系的过程"。多数对雇员离职的研究以 Mobley 狭义的定义作为基础,是使用最广泛的一种定义。我国学者张勉将其具体定义为"从组织中获取物质收益的个体终止其与组织劳动合同的过程"。在离职的学术性研究中,最常见的分类方式有:主动离职和被动离职,有利离职和不利离职。雇员主动离职是指离职的决策主要由雇员做出,包括所有雇员主动离职的形式;雇员被动离职是指离职的决策主要由组织做出,包括雇员被组织解雇、裁员、退休或死亡。Miller(1987)指出,对离职雇员对组织有利还是不利的评价,可以从三方面去考虑:离职雇员的绩效高还是低,替代离职雇员的难易程度,雇员离职后所引起的空缺职位的关键程度。按照该标准,本研究要保留的专业人员是绩效高、替代难、离职后所引起的空缺职位的关键程度大,是组织需要采取措施遏制的不利离职。

本研究的离职指的是主动离职和不利离职,是站在企业人力资源管理的角度来考察专业人员的离职和保留,希望通过保留专业人员来保留知识,重点放在针对专业人员特点而进行人员保留的人力资源管理对策上。这里的专业人员的内涵同4.9节。

4.10.1 建立雇员保持策略的一般框架

在知识竞争中,企业希望通过留住关键人员来留住知识,因此雇员保持是企业人力资源管理工作的一个重要部分。Sheridan(1998)曾指出一个完整的雇员保持策略应包括对离职原因的辨析、建立保持策略和具体实施三大部分。张勉(2007)在此基础上做了进一步的细化,用图 4-6 来表示建立雇员保持策略的一般步骤。

目前已有大量关于雇员离职原因的研究来帮助人力资源管理者对雇员离职深

层次原因加深理解,如 Price-Mueller 模型所进行的研究等,但是建立雇员保持策略时对离职原因的分析方法比员工离职动因研究通常采用的方法应用性更强。建立雇员保持策略时对离职原因分析的常用方法见表 4-13(张勉,2007)。

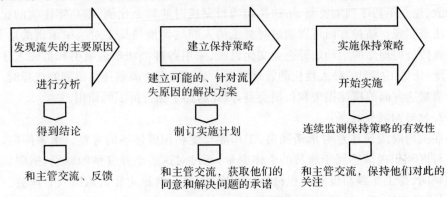

图 4-6 建立雇员保持策略的一般步骤

表 4-13 企业在考察雇员离职原因时常用的分析方法

分析方法	方法描述
1. 离职的特征变量	考察非企业意愿离职的基本特征:个体绩效、职业期、应聘渠道、部门、其他人口变量
2. 离职的趋势	分析一段时期内非企业意愿的离职趋势(如 3 年),并按部门、职位、绩效水平等不同方面考察
3. 离职谈话	对离职谈话材料做分析,考察非企业意愿的离职原因
4. 对离职原因的跟踪分析	对非企业意愿的离职人员离职后一段时期(如 6 个月)设法考察其离职原因
5. 与新雇员交谈	和新雇员交谈,辨识他们加入公司的理由。了解企业吸引新员工的特点是什么
6. 小组座谈和调查	对企业希望留住的员工群体进行座谈/调查,辨识他们喜欢的工作环境和组织特点是什么;将那些倾向于留任的雇员的意见提炼出来

4.10.2 雇员保持策略

通过对雇员保持的文献调研,结合与西安一些高科技企业人力资源工作者交流的结果,总结出雇员(尤其是专业人员)的保持策略主要有下述几方面。

1. 提高转换成本

设置提高转换成本的人力资源管理措施,从物质和精神两方面增加技术人员的离职损失。物质方面可以通过签订高额赔偿金的合同、签署"承诺不竞争"协议、让雇员持股、建立年功序列工资制、增加长期项目完成时的奖金比例、提高年终奖的比例等方法来实现。精神方面可以通过对员工的入职培训增强员工对组织承诺的培养、通过宣传公司理念的活动培养企业文化氛围、采用各种办法塑造吸引和留住人才的软环境,让员工感到一种人性化的管理氛围。员工在面临离职还是留职的选择时,会权衡清楚这方面的精神损失和长期受益,因此起到了保持员工的作用。

2. 把好招聘甄选关

在招聘时应该注意对承诺倾向、工作参与度和积极情感的考察。承诺倾向、工作参与度和积极情感属于雇员的个体变量,通过对这些个性变量的甄别,招聘到高承诺倾向、高工作参与度和高积极情感的雇员,那么对稳定雇员队伍大有裨益。除此之外,还要注意在招聘中考察应聘者和组织之间价值观的匹配程度,匹配程度越高越易建立高组织情感承诺。有的企业通过现实工作预览的方法来甄选那些可能建立企业归属感的员工,这种方法避免了由于进入企业前的期望与企业实际情况反差太大而带来的心理落差,减少了雇员流失。

3. 建立绩效和回报紧密挂钩的绩效评估体系

这一策略涉及员工的绩效管理,也是人力资源管理中的一个难点。在绩效评估体系的选择上,企业一定要注意选择和企业战略、文化、发展期、岗位性质和业务特点相匹配的评估体系。例如,如果企业倡导的是一种家庭式的文化氛围,那么团队绩效评估的比例就一定要大一些。反之,如果是一种倡导内部竞争的文化氛围,那么个人绩效定量评估的比例就要大一些;对于行政管理人员、研发人员等结果不易量化的岗位,可以采用目标管理和关键绩效指标相结合的方法;岗位之间职责如果划分明确,可以以个人工作表现的考核为主;但是对于工作需要多个成员密切合作,或者工作流程密不可分的岗位,以团队或小组工作表现的考核比例就要大一些。绩效评估的结果要和员工的收入挂钩,自己的工作产出越能直接负责,或者是管理层级越高的岗位,浮动的比例应该越大。比竞争公司更诱人的薪资对留住关键员工是很重要的一环。

4. 建立并完善多向的职业发展阶梯

这一策略针对的是职业成长机会和晋升机会而制定的。传统企业职业发展阶梯是单向的,雇员只有垂直向上的职位进阶。传统的职业发展阶梯在实际的使用中会产生一些负面的问题:有的技术人员和市场人员并不擅长行政管理职位,但是由于传统企业能够奖励员工的途径是非常有限的,所以只能将这部分雇员职位向上提升才能给予更多的金钱、地位和权力。而一个想在专业技术上做长期发展的雇员,在被提升到行政管理职位后,由于角色的不匹配,可能会使这样的雇员发生离职。

解决问题的关键还得靠企业从长远角度出发,为专业群体构成的雇员建立多向的职业发展阶梯。近年来企业中一种新的职业发展阶梯是:建立专业岗位工作职责基本不变,但是有等级变化的发展阶梯。例如,可以将技术人员分成技术 1 级到技术 4 级。技术等级越高,企业给予雇员的薪酬、地位和权力越高。有些技术等级高的雇员可能拿到比上司还高的收入。这样,从技术 1 级到技术 4 级,雇员只需增加作为技术人员的能力。这种新的职业发展阶梯会改善传统职业发展阶梯的一些缺点,因此可以提高雇员的绩效,进而提高企业的运行效率和生产率。

5. 提升主管的管理技能

向企业管理者提供必要的管理技能培训,增加技术人员的上司支持度。由于有的项目经理不善于处理和下属之间的关系,造成下属强烈的不满意感。可通过建立多级别的管理技能培训,请专业的培训和教育机构设计课程。目前的一种培训趋势是建立基于胜任能力的分层管理技能培训课程。在这种方式下,先把管理能级按照企业实际,采用胜任力模型的建立方法分成若干级别,每个级别内包括对应等级的管理者应该掌握的管理技能。例如在联想公司,对于基层管理者非常重要的两门课程是目标管理和岗位责任制、沟通和演讲技能。通过培训,基层主管能掌握非常实用的一些技能,例如如何和下属一起制定岗位目标责任书,如何对下属的绩效进行反馈等。

第5章 知识管理行为激励

仅仅让员工具备充足的知识和技能是远远不够的,企业还必须制定合理的激励机制,促使员工充分正确地利用其知识和能力。激励力量影响雇员的行为,同样也影响雇员在这些行为中所付出的努力。只有让员工认同知识管理,并主动地表现出持续的知识管理行为,企业的知识管理才能够成为组织获取竞争优势的有力手段。

5.1 知识型员工激励的研究述评

激励通过组织正式的规则和要求,强调和规范组织成员的行为以实现组织的目标。因为人的行为是由动机决定的,而动机又是由需要支配的,所以要探索个人行为原因,激发个人的知识共享的积极性,就必须研究需要。组织行为学中将激励理论分为三大类:内容型激励理论、过程型激励理论和行为改造型激励理论(罗宾斯,2006)。另外,知识员工的行为往往更受自我动力和超我动力的驱策。知识员工行为管理的实质,就是要设法使两大动力系统维持在较高的水平上,并使之共同指向组织目标(高贤峰,2001)。

知识管理专家坦姆仆(Tampoe,1996)大量的实证研究结果表明:知识型员工注重的前四个因素依次为个体成长(34%)、工作自主(31%)、业务成就(28%)和金钱财富(7%)。安盛咨询公司与澳大利亚管理研究院在分析了澳大利亚、美国和日本多个行业的858名员工(其中包括160名知识型员工)后列出了名列前五位的知识型员工的激励因素,分别是报酬、工作的性质、提升、与同事的关系、影响决策。Zingheim,Schuster(2001)提出4个重要的人才激励因素:诱人的公司发展前景、个人成长机会、良好的工作环境和全面的薪酬策略。张望军、彭剑峰(2001)通过自己的实证研究发现,对知识型员工的激励策略应包括报酬激励、文化激励、组织激励、工作激励四大方面,并且每一方面又各有侧重。

目前激励机制的研究仍然是在传统人力资源管理的范畴内,如传统的绩效考核和绩效指标,一般也仅泛泛针对企业的知识员工,未能提出基于知识竞争的以知识贡献为导向的激励机制、也未能针对知识竞争环境下多雇佣来源的员工群体的知识管理行为进行统筹考虑。

第5章 知识管理行为激励

由于人是知识最根本的载体,要求人力资源管理各职能应该促进组织的知识管理,而目前尚缺乏对人力资源管理和知识管理机制关联性的深层次探讨和实证研究,致使很多企业在具体实施过程中缺乏理论指导和可以借鉴的实例。张瑞玲等(2005)认为关于知识型员工的激励应该结合我国的国情、文化有更多的实证研究。

本章中,我们将探讨人力资源实践是如何影响雇员参与必需的知识管理行为的可能性的。探讨围绕三个关键点展开:行为的动机分析,知识管理行为激励的全面提炼和总结,不同雇佣模式下知识共享行为的影响因素和协同激励策略。

5.2 知识管理行为激励的理论基础

一般知识管理行为作为"行为"概念的属概念,其激励的理论基础就是心理学和组织行为学中的行为激励理论。从文献检索来看,主要有三类:一类是从需求出发的个体行为的动机分析,一类是用组织行为管理中的各类激励理论来分析,第三类从个体行为的本我-自我-超我行为动力结构来分析。

激励指的是激发人的动机,诱导人的行为,使其发挥内在潜力,为实现所追求目标而努力的过程,即调动和发挥人的积极性的过程。激励与人的行为产生、行为被赋予活力而激发、行为的延续和终止以及人处于被激励状态中的主观反应有关。是在特定的时间、地点对人行为的方向、强度与持续性的直接影响。

5.2.1 需要、动机与行为

行为的起点是两个因素的交互作用:环境对个体的刺激,刺激产生个体需要。需要引起动机,动机导致行为。人的行为模式见图5-1。

图5-1 人的行为模式

因为人的行为是由动机决定的,而动机又是由需要支配的,所以要探索个人行为的原因,激发个人的知识管理行为的积极性,就必须研究需要。按需要获得满足的来源可分为外在性需要和内在性需要。

外在性需要是靠组织所掌握和分配的资源(或奖酬)来满足的,如物质性的需要和社会感情性需要,能满足外在性需要的资源(或奖酬),就是外在性的资源(或奖酬),由这类资源所诱发的动机则是外在性动机,这样所调动起来的积极性,便是外在性激励。

内在性需要是不能靠外界组织所掌握和分配的资源直接满足的,它的激励源泉来自所从事的工作本身,依靠工作活动本身或工作任务完成时所提供的某些因素来满足,包括工作活动本身的激励性和工作任务完成的激励性。

5.2.2 激励理论与员工的知识管理行为

研究员工动机的理论称为激励理论。组织行为学中将激励理论分为三大类:内容型激励理论,过程型激励理论和行为改造型激励理论。每一种激励理论又有各自的代表理论,见表5-1。

表 5-1 激励理论分类

激励理论大类	内容型激励理论	过程型激励理论	行为改造型激励理论
代表理论	需求层次论 ERG理论 "双因素"理论 成就需要理论	期望理论 公平理论 目标设置理论	强化理论

根据这三类激励理论,要激发起员工的知识管理行为,必须透彻地了解他们的需求及其优势需求,对薪资、职位及工作保障等保健因素尽量满足,注重员工内在的荣誉感、成就感,设计良好的任务特性满足员工的内在激励因素,授权员工参与挑战性的工作,让其自我管理以激发其高度的内在动机与潜力。

同时,在知识管理行为的管理方面应注意:① 不要让员工工作没有绩效而徒劳无功,即让员工具备执行工作的最佳能力且方向正确,组织应提供充分的资源(包括人力、物力、财力和信息技术),用教育与训练提升员工执行知识管理的能力与效果。其次是让员工清楚地了解组织知识管理的核心焦点,以及哪些是最有价值的知识,不要让员工错误地忙了半天,反而创造一些组织认为缺乏显著贡献的知识。② 员工努力地实现了高绩效的知识管理工作时(无论是知识的创造、共享及利用),组织一定要清楚、明显地描述并表扬其贡献。③ 提出符合员工需求的报酬。组织在设计知识管理行为的报酬时,最好能了解员工最希望获得的报酬是什么。与其他类型的员工相比,知识型员工更重视能够促进他们发展的、有挑战性的工作,他们对知识、对个体和事业的成长有着持续不断的追求;他们要求给予自主权,使之能够以自己认为有效的方式工作,并完成企业交给他们的任务;获得一份与自己贡献相称的报酬使自己能分享自己创造的财富。组织奖赏的方式最好能针对不同的员工而有不同的做法。

激励理论在人力资源管理实践中的应用主要体现在目标设置、奖励制度、工作设计和组织行为矫正上。

5.2.3 知识员工的行为动力结构

知识工作的生产率来源于知识员工激励管理的成效。根据行为科学的研究,任何激励策略都必须作用于人的行为动力才能发挥作用。显然,激励策略与员工行为动力的匹配程度在很大程度上决定着激励的有效性(弗朗西斯,2000)。

根据弗洛伊德的人格结构理论,人的心理是一个整体,在这个整体之内包括彼此关联而相互作用的三个部分,分别称为本我、自我和超我。本我代表所有驱力能量的来源,它"寻找"兴奋或紧张的释放,遵循快乐原则;与本我形成鲜明对照的是超我,它代表"道德",涉及我们努力追求的理想和当我们违背道德标准时所预期的惩罚;自我与"现实"相对应,其功能是根据现实情况和超我的需要来表述和满足本我的愿望。在这个意义上,自我被视为是在履行"执行"的功能,即协调着本我寻求快乐的需要和超我寻求社会化行为的需要以及现实的需要(珀文,2000)。

知识型员工与普通员工的一个显著区别就是受教育程度的不同。探讨受教育程度对个体的影响,就能在一定程度上了解知识型员工的行为动力的特点,进而分析其行为导向。行为动力的因素与受教育程度的关系如图 5-2 所示。

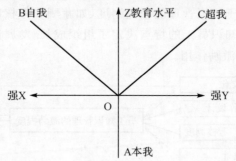

图 5-2 心理强度与受教育程度关系图

图中,OX 代表追求理想、道德提升的人格强度。OZ 代表后天教育水平,OA, OB,OC 分别代表本我、自我、超我的发展曲线。

随着后天教育水平的提高,"自我"的强度呈现提高趋势,所以,知识型员工

"自我"需求的强度要高于普通员工。后天教育水平不仅影响自我的强度,同时也影响着自我本身的结构。自我需要的满足有三种途径:外在满足的报酬期望,内在满足的成就期望;内在满足的机会期望。分别对应着需要的外部来源和内部来源。

后天教育水平越高,唤醒与内化的内容就越充分,"超我"强度就越大。所以通常,知识型员工"超我"需求的强度要高于普通员工。

知识员工的行为往往更受自我动力和超我动力的驱策。自我动力是基于"自我需要"的动力系统。在这一系统作用下,人以"自我"为中心,旨在满足自我需要;超我动力是基于"超个人取向"的动力系统,在这一系统作用下,人的行为是以"社会"为中心,旨在满足社会需要。显然,知识员工行为管理的实质,就是要设法使两大动力系统维持在较高的水平上,并使之共同指向组织目标。这就构成了知识员工行为动力系统激励模型的基本假设。

基于"自我动力"启动的知识员工激励策略具体表现为报酬激励、成就激励、机会激励。基于"超我动力"的知识员工的激励策略主要是最大限度地整合员工的理想追求、道德追求和价值追求,提供深层次的文化激励。

5.3 知识管理行为激励体系总体框架构建

综上,影响知识员工知识管理工作动机的因素主要有4个(见图5-3):① 组织的知识管理文化:组织文化规范了那些受到认可与期望的行为;② 组织知识管理的工作设计:工作本身的逻辑使工作适应于人,决定了知识员工某时刻的动机和行为;③ 组织内部关于知识管理的相关制度,如薪酬和考核制度也影响到知识员工的动机和行为;④ 知识员工的特点决定了组织成长/发展制度对不同群体的知识员工都有着很强的激励作用。

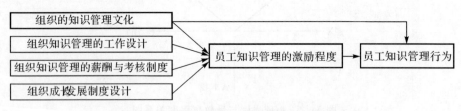

图5-3 影响知识员工激励程度的主要因素

大多企业激励理论在揭示人的多种需要的同时,也揭示了人们从某种需要出发的行为状态以及追求某种价值目标的行为过程;而在具体管理实战中,需要考虑如何以人力资源管理制度设计的方式将其固定下来,即在企业激励理论与企业内部行为状态之间提供一套激励机制建设方案使理论与行为联系起来,完成两者之间的相互转换。

所谓激励体系的设计是指组织为实现其目标,根据其成员的个人需要,制定适当的行为规范和分配制度,以实现人力资源的最优配置,达到组织利益和个人利益的一致。在知识员工激励框架模型的基础上,结合本章的相关分析,给出了如图5-4所示的知识管理行为激励体系总体框架。

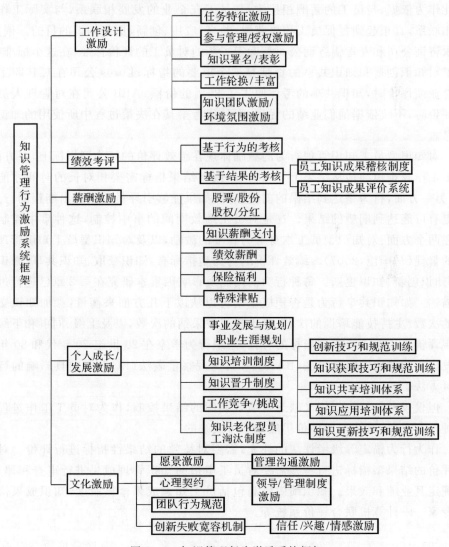

图5-4 知识管理行为激励系统框架

5.3.1 绩效考核与知识管理行为激励

知识管理在企业发展中发挥着重要作用,知识员工的绩效管理以知识的生产、知识的创造、知识的传播为特点。从制度的角度,激励的两个主要手段是绩效考核和奖酬。

所谓知识管理的考核机制,就是通过对知识管理态度、成果、过程等进行评价,以此作为依据,与员工的薪酬相挂钩,与员工在企业的发展相联系,与实际工作绩效相联系,真正起到督促员工积极获取、共享、应用、创新、更新知识的目的。例如,安永咨询公司和麦肯锡咨询公司都确定了新的对员工的评价标准,在这个标准中,员工对知识创造和知识共享的贡献是一个重要的指标;Lotus公司在对其职工进行总业绩评价时,知识共享的考评便占了25%的份额;ABB公司在对管理人员进行评价时,不仅依据他们业绩的优劣,而且还考察其在决策过程中所使用的知识和信息。

对知识型员工知识管理行为的激励体现在绩效评价的行为型指标上,一方面,很多工作较难单纯地从结果上加以衡量,或者结果指标需要相对长的时间才能获得;另一方面,行为是达到结果的前提条件,如果能够引导员工表现出期望的行为,就更有可能达到期望的结果。这是对员工绩效期间的事中控制,这种事中控制建立在两个方面:对知识型员工本身努力程度的激励,以及对知识型员工知识管理行为的督促(马国臣,2007)。绩效评价的行为型指标有:知识获取、知识共享、知识应用、知识创新、知识更新。每种行为的内涵及影响因素本研究在第2章已进行过详细描述。如知识共享行为是否积极主动可以从以下几方面来衡量:参加知识交流会的次数、主持技能培训的次数、提出建议被采纳的次数,以及上级、同事和下级的主观评价等。关于行为型指标的考核,组织行为学家在20世纪70年代和80年代开发出行为锚定等级评价法(BARS)和行为观察量表法(BOS)等颇具影响的行为测量方法。

但仅仅考核行为指标又缺乏对绩效期间的结果控制,作为对员工工作过程的一种控制手段,对结果的评价仍然是不可或缺的。

作为行为锚定等级考评法的补充,需要对绩效的结果性指标进行评价。对绩效评价的结果型指标进行考核需要对员工申报的知识管理成果进行审查和评定,以确定其业绩和效果。知识绩效机制包括员工知识成果稽核制度、知识成果价值的专家——计算机联合评价系统等。

5.3.2 薪酬与知识管理行为激励

薪酬能够有效地用来支持知识竞争需要的行为。薪酬制度是促进组织的知识开发和使用及员工期望的知识管理行为的重要激励手段。

Lawler(2002)认为,传统的组织设计重心在于管理的效率和产品、服务的控制上,而不是管理知识上。在那些更传统的组织中,员工的薪酬基于他们的工作量多少,他们的服务期限和他们的个体绩效上。然而,在基于知识竞争的环境中,有效地管理知识需要不同的组织行为。新型组织的薪酬体系需要将重点移到新知识的开发、知识的转移和使用以及对产品和服务质量的开发和提高上。薪酬体系的设计需要吸引和留住具有合适的知识的员工,激发员工去学习对保持组织竞争优势有重要作用的知识,激发员工开发、使用能帮助企业创建竞争优势的知识。

由于薪酬体系直接且具体影响着员工的行为,因此,它对于员工在知识管理执行意愿上会产生指标性的引导作用。所以,组织在设计知识管理相关的薪酬制度时必须配合知识管理的目标,否则,如果知识管理的目标是鼓励知识的共享,而薪酬制度却着重奖励个人杰出的绩效表现和知识的囤积,就无法进行知识管理。

激励性薪酬的构建途径一般有下述几方面。

1. 基于技能的个人工资

Lawler认为基于技能的薪资在促进知识管理方面更有效。他相信基于技能的薪资在需要多种技能、但又可能不是始终用到的情形中特别有效。这是因为组织需要一种技能的时候,他能马上提供,因此代表着一种重要的组织资产。此外,有着多技能的个体时常能同时地处理多个项目,是使组织产生知识竞争优势的源泉之一。

2. 奖金

知识薪酬支付制度是指将收益比较容易确定的知识成果与员工的即期收益联系起来,通过增发薪水与酬金来激励企业员工。

3. 团队奖酬

知识员工常用的组织形式为团队,如果团队成员能得到集体协作的报酬,那么他们作为成员协同工作的可能性要大得多。根据上述激励逻辑,团队激励薪酬将主要基于业绩支付或按技能和知识支付。支付时应重点考虑两个问题:一是激励力度,二是团队激励在成员之间的二次分配。

4. 共同繁荣(CPS)战略

"共同繁荣战略"(Co—Prosperity Strategy)也称"CPS"计划,是缔造企业利益共同体的一项战略。在此方面,国际企业实行的利润分享计划、增益分享计划、股票期权计划、员工持股计划等都是一些可以参照的具体方法。

5. 福利

福利包括法定性员工福利、套餐式员工福利和特殊型员工福利。"套餐式"员工福利是将非法定性的福利制度进行组合,分析每种福利形式在整体福利组合中所占的额度,然后由员工根据自己所拥有的福利总额度选择福利内容。特殊型员工福利是指企业专门为知识员工提供的配套福利项目,主要包括为员工自身服务项目和为员工家庭服务项目,如企业为研发人员设计的补充健康保险计划,为促进组织学习提高和沟通交流的团队建设费用等。不同雇佣模式的知识群体的考核和薪酬特点见表5-2。

表5-2 不同雇佣模式的知识群体的考核和薪酬特点

基于知识雇佣的知识员工	基于工作雇佣的知识员工	合同型知识员工	联盟伙伴型知识员工
强调以技能工资和发展性绩效评估来激励员工开发和掌握企业专用性知识和技能,关注员工的战略贡献,实现薪酬支付因子从以岗位为主向以人为主的转变,强调向知识、能力和团队合作意识付酬,鼓励员工开发和掌握特定于企业的胜任力,增强员工的组织归属感和荣誉感	对其考核则主要是关注生产效率和培训效果,付酬关注绩效和关注外部公平(市场工资)。薪酬支付因子主要是以岗位和业绩指标为主,鼓励员工迅速进入工作状态,实现人力资本价值,为企业创造效益	通过明确的绩效考核和末位淘汰制,确保员工对合同条款的遵从,杜绝次品的产生,从而完成企业所规定的生产任务和提供顾客所需要的服务。对其考核则主要是关注即期绩效,付酬基本上是严格通过计件工资或计时工资来支付	关注团队目标的完成情况,使用以小组为基础的绩效评价和奖励系统,鼓励联盟伙伴型知识员工在合作的基础上发展独特性的知识和技能,激励约束机制的设计着力于建立相互合作与信赖的伙伴关系,鼓励相互利用对方的独特技能,产生企业协作剩余

5.3.3 个人成长/发展激励

有助于员工个人成长、发展的激励措施主要有组织学习方式的转变和围绕组织学习进行的各种激励制度设计。

1. 学习方式的转变

从前人的研究中可以归纳出组织学习方式的三种代表性的流派:① 从组织学习的深度上将其划分为单环学习、双环学习和三环学习(Robert M, et. al, 1998);② Nonaka 等人(1995)从组织如何创造不同类型的知识、并在不同群体水平之间进行转化的角度提出组织学习的 4 种模式;③ 从学习发生的过程角度提出组织学习的全过程模型,其中广泛被接受的是由 Argyris 和 Schon(1978)提出的发现、发明、执行和推广 4 个过程。

在知识经济时代,知识已经成为一种重要的资本。员工培训也就成为人力资源管理中的重要一环,其最终目的就是通过知识的传播共享来实现知识创造与应用,培训的效果将直接影响到显性知识隐性化的转换效率,从而形成一个知识成果的良性循环。所以知识管理中的人力资源管理必须注重对员工的不断培训,并通过如下不同的方式达到最佳效果:① 大力推行实时培训。实时培训是一种帮助公司实现其战略目标的哲学和系统过程,通过实时培训可以使管理与培训相结合,使培训与业务流程相结合,以最小的时间和费用实现预定目标,进而为公司总目标服务;② 致力于公司员工的个人发展,并为每个员工制订培养计划;③ 企业自我培训;④ 外请专家培训;⑤ 外送进修培训;⑥ 员工自我培训;⑦ 岗位轮换培训;⑧ 关注行为改善。行为培训的一个科学前提是"通过对目标行为的精细评估、学习新的行为并予以强化、进行持续的监控和评价,同时进行行为改善,才能够实现个人和组织的持续成长"。因此,行为培训超越了传统的课堂学习的培训模式,而是使员工对行为的学习和改善发生在工作的整个过程中。

2. 对组织学习的激励

公司围绕组织学习建立强有力的激励制度,可以明确无误地向员工表明公司的态度:不仅仅是员工拥有的知识,更是员工持续创造和利用知识的能力表明了他的价值。公司内部组织学习激励制度的内容主要包括:① 基于知识贡献的奖励。基于员工向知识库贡献的知识被有效地利用的次数与程度而不仅仅根据员工向知识库贡献的知识数量进行奖励。② 创新奖励。一旦某一员工所提出的创新知识得到其他员工的响应或被知识商品化倡导者所确认,他就有权组织一些员工实现其设想,并从中获得相应的报酬和奖励。③ 产权奖励。不仅给一流的人才提供一流的工作、生活环境,而且还在公司的产权分配方面加以考虑,将公司关键人员和公司的发展前景紧紧绑在一起,共担风险、分享收益。④ 个人创新活动。必要时允许员工在公司内部进行个人创新,即员工可以在一定的工作时间内,运用公司的资源进行个人创新活动。⑤ 在公司内确定和鼓励知识型行为。知识型行为是指在工作岗位上利用组织知识并实现知识增值的行为,包括了解自己的工作是什么,以及它如何为公司创造价值和利润。⑥ 知识全程追踪制。所谓知识全程追踪,是将知识提供者的姓名永久性地附在其所提供的知识记录上,并通过相应的技术支持使该提供者能够了解什么人、在什么地方、如何利用其所提供的知识,从而增进知识提供者的自豪感和成就感;同时能使该项知识的利用者与提供者之间保持密切的联系,激发利用者对提供者的尊重,并通过双方的相互交流和探讨进一步创造新知识或知识的新应用。⑦ 支持和鼓励员工在公司内部网上建立自己的主页。个人主页为员工提供了展示个性和自身价值的场所,并能进一步激发员工对知识管理的核心技术框架之———Intranet 技术的进一步应用,从而促进公司内部员工之间的交流与相互学习。⑧ 加强对组织学习的管理。通过加强对组织学习的管理,能保证将个人和团队的学习行为纳入系统化的轨道,并有效地将学习行为转化为创造性的行动。

3. PCD 计划

所谓"PCD"(Profcssional Career Design)计划,也称"职业生涯设计"是企业管理者帮助进入企业的每一位员工设计个人的事业发展计划,并协助进行定期评估,依此将个人在企业中的工作和个人的发展紧密联系在一起,从而达到工作者自我激励的目的。

为了缩短员工知识、技能和公司需求之间的差距,外企通常采取"放水养鱼"的方法,使员工迅速成长起来。朗讯科技(中国)有限公司推行了这样的员工职业生涯规划,当一名新员工进入公司后,部门经理必定与他进行一次深入的长谈:来到本公司后,你对个人发展有什么打算,一年之内要达到什么目标,三年之内要达到什么目标。为了实现目标,除个人努力之外,需要公司提供什么帮助。在朗讯,这已成为一项滚动发展制度,每到年末,部门经理都要和员工一起对照上一年的规划进行检查,制定下一年的规划。职业生涯规划不仅为员工架起了成长的阶梯,而且使公司的发展获得永不衰竭的能量。西贝尔与 20% 的高层人员共同制定了每位员工的"个人梦想一览表",公司竭尽全力给予满足。不同雇佣模式的知识群体的成长/发展激励特点见表 5-3。

5.3.4 工作设计与知识管理行为激励

根据知识员工心理需求结构的分析,与外在薪酬相比,知识员工更看重内在薪酬,他们更希望将知识运用到工作中去,从工作和工作的协作中获取乐趣和回报。因此,对知识型员工基于知识竞争的工作设计,对知识员工的绩效和工作满意都会产生直接、显著的影响。工作设计决定了某一时点员工的努力程度,如何通过工作设计来满足知识型员工的需要是激励知识型员工努力工作的核心。

表 5-3　不同雇佣模式的知识群体的成长/发展激励特点

基于知识雇佣的知识员工	基于工作雇佣的知识员工	合同型知识员工	联盟伙伴型知识员工
强调在职培训，鼓励员工"干中学""干中教"，在体验性学习中发展专用性的独特技能。与此同时，主要是根据员工发展潜力而不是目前所拥有的知识与技能来雇用和配备员工，并结合企业和员工的需要，制定详细的员工职业生涯规划，为员工打通内部晋升的上升通道	技能对各企业是通用的。公司通常并不对这类员工的技能进行投资，着眼于短期、有限、局限于公司的具体情况，注重招募和挑选那些已经掌握了必需技能的雇员并充分利用其技能以取得立竿见影的效果	对于这类知识员工一般不需要其履行过多的组织责任，组织也不会寄希望于从他们那里得到较多的组织承诺，培训活动主要是围绕企业政策、安全标准和岗位职责来展开	更倾向于投资建立伙伴关系，鼓励合作行为和信息共享行为，因而培训多集中于团队建设、沟通机制、交换程序、工作轮换、指导关系等旨在促进信息共享和知识转化的活动

个性化的消费使得企业面临的环境具有高度的不确定性，进而使工作环境变成不可预见、复杂化、充满变化性；而使知识具有生产性，运用和创造知识进行生产使得工作的流程变得非常规、非线性、不易理解，并要为每个问题单独设计。因此，知识工作不再具有明显的规范性，复杂性成为其基本特征，其结果也是不确定的，需要安排从事具有较宽责任、有适应性的"角色"。

组织和工作设计的变迁与知识经济的演变是保持一致的。由于基于知识的竞争日趋激烈，具有潜在激励特性的工作丰富化、基于团队的工作日渐流行。工作设计也在以其他的方式作着改变。企业与环境的分界线长时间以来被认为是可渗透的，但是越来越多的组织正在变成无边界组织。联盟、合资、兼并和收购所代表的战略行动使公司改变或减少了公司间的边界；信息技术实现了具有相同兴趣和知识的人们之间交流的全球化,而不去考虑这些人来自哪一间公司。同样地,工作和生活的边界也越来越模糊。由于知识能通过时空很容易地传播,知识工作可以在分散的地点更容易地完成,包括在家。由于雇主对合同员工的依赖性增强,他们日益能接受合同工人在家或在其他工作场所工作。知识型工作已经渗透到员工的生活中。这些变化的一个结果就是不可能再忽视超越组织正常边界的那些方法,这些方法能够影响员工的知识管理行为。工作设计使雇员有了与他人交换意见的机会,这种接触能够影响雇员参与对雇主有利的知识管理行为的积极性。

所谓工作设计,是指将任务和责任结合起来形成一个完整的工作,并形成企业内部工作之间的联系。

邓玉林等提出了知识工作的三维设计(2006),他们认为,可以通过系统性、授权度、自由度三个维度来设计知识工作,以满足工作的内在逻辑和知识型员工的需要;另外,还可通过这三个维度评价知识工作的复杂性,随着工作的系统性、授权度以及自由度的增加,工作的复杂性与结果的不确定性将增加,工作的完成将更加依赖于员工的决策和努力,相应地工作的激励作用也将增加。系统性是对于知识工作而言的,流程的非常规性使企业无法做出精确的任务分解,因此,要以工作所需要的知识为基础,把相关的任务组合成一个完整的工作系统。在具体的工作设计中,可把割裂开的工作进行组合,形成较大的工作单元,使"工作丰富化";还可把工作设计为群体的任务形式,并授权某个工作小组对这一完整的工作任务负责。这些设计方法,一方面可使工作具有内在的逻辑联系与整体性,提高任务中知识的完整性与技能的多样化;另一方面还可以满足员工对挑战性和成就感的追求,提高员工知识的系统性。授权度指由于任务的复杂性要求组织把权力分散和下放,充分授予知识型员工在面对具体任务时酌情处理和利用关键性资源的权力,实行决策权与知识的匹配。这种匹配一方面可以满足知识生产的逻辑,另一方面还可以满足知识型员工的自主性要求和被组织委以重任、赋予责任的成就感等需要。自由度指非规范的知识工作要求员工的行为必须具有适应性和变化性,而知识型员工也希望工作场所和时间具有灵活性,要求整个组织具有自由宽松的气氛,抗拒严格规定的工作和控制性的管理行为。在具体工作设计中,可以实行弹性工作制,加大工作时间的可伸缩性和工作地点的灵活性,让员工自我适应、自我管理而不是简单地完成任务,设立目标和要求结果而不是事事监督,满足工作的自由度要求和员工对自由的追求。不同雇佣模式的知识群体的工作设计激励特点见表5-4。

表 5-4　不同雇佣模式的知识群体的工作设计激励特点

基于知识雇佣的 知识员工	基于工作雇佣的 知识员工	合同型知识员工	联盟伙伴型 知识员工
坚持战略导向和顾客导向,强调组织柔性化和扁平化,充分授权,激励员工以更大积极性、主动性和创造性在相当范围内支配资源	对员工的岗位职责进行清晰定义,适度授权。员工必须履行岗位所要求的责任,完成企业给定的生产任务,充分发挥其人力资本所具备的高价值	严格界定员工的岗位职责,强化规章制度和条例,制定与工作有关的规定和标准	多采用有机式组织设计,主要以团队和项目的形式来完成任务。工作团队里以信息共享和相互信赖为前提

5.3.5 知识管理行为的文化激励

如果说激励机制是人力资源管理的硬件,那么企业文化就是人力资源管理的软件,它是一股无形的力量,对员工的影响是潜移默化的,也是深远长久的。任何激励都不可能做到尽善尽美,细致入微。然而这些不足却可通过良好的企业文化加以弥补。组织文化是组织进行知识管理的一个重要的影响因素,它不仅会影响员工的激励因素,还会直接影响员工的行为。

公司要想实施有效的知识管理,不仅要具备必要的硬件设施和软件系统,还要求公司领导层把公司知识的培育和管理作为获得竞争优势的重要手段,建立有利于公司知识共享和增值的组织文化,鼓励员工与他人共享自己拥有的知识,并促使员工将知识转化为有利于公司发展的生产力。理论研究发现,知识管理与文化是密切相关的,如果没有相应的支持新行为的组织文化的调整,任何旨在改善公司创造、传递和应用知识的活动均无法取得成功(廖开际,2007)。

知识管理与组织文化的关系可以概括为以下 4 点。

1. **组织文化决定组织对知识重要性的认识**

一些文化只认可能植入流程和系统之中的显性化知识,而另一些文化则认可和推崇那种从社会交往中获取的知识,也就是隐含知识。组织文化强烈地影响组织关于什么是有用的、重要的或有效的知识的认识,其实质是知识对公司是否重要的问题。

2. **组织文化影响员工个人知识与组织知识之间的关系**

组织文化包含所有不可言传的关于组织与其员工之间如何传递知识的规则,

它界定哪些知识属于组织,哪些知识属于员工个人,它决定在公司中谁应有什么知识,谁必须分享这种知识,谁有权保存这种知识。

3. 组织文化决定公司对新知识的态度

组织文化决定着公司如何对待、获取和传播新知识的行为。如果公司希望能在激烈竞争的环境中生存下来,便必须尽可能快地获取、验证和传播新知识以便及时调整公司战略与资源配置。组织文化会通过其相应的行为规范和惯例决定公司员工在多大程度上愿意寻求现有知识技能,并在现有知识与技能的基础上做出决策和采取行动,也就是决定员工对现有知识的态度。注重激励员工的创造性与创新精神的组织文化,在其与知识相关的交流模式上,与那些注重充分发掘和利用现有知识(无论是来自内部还是外部)的组织文化有很大的不同。

4. 组织文化决定对于知识获取、创造、共享、使用和更新的奖惩措施

组织文化中的行为规范和惯例决定着一系列能够影响知识生产、共享与利用的行为,也就是会影响交流质量的行为。如果一种组织文化相对于知识获取而言更推崇知识共享,它就会创造一种更重视利用知识的交流环境。例如美国军队已开始将知识共享能力作为决定员工晋升的一个重要的考察内容。教育是另一种能够影响交流环境,甚至能够增强公司现有知识基础的行为。通用汽车(General Motors)公司和 Skandia 公司已开始要求经理人员将其关于业务运行的知识教给员工,这对经理人员来说是一个自我提高的过程,即使只要求他们与员工分享自己的知识也能达到自我提高的效果。

另外,公司对待错误的态度也会影响员工之间的交流活动,并进而影响知识生产和利用的质量。有助于知识管理的行为应该是挑选出重大的错误,进行认真剖析,使之成为一种重要的知识来源。美国军队在这一方面堪称典范,依据其建军多年来的作战经验,它发现没有一项任务是百分之百完成的,总会犯这样或那样的错误,而评价和改正错误的能力对于未来的成功是至关重要的。所以为了使员工能够对所犯错误展开坦诚的讨论,并能从这种错误中获得宝贵的知识,美国军队建立了一项重要的制度——将任务报告工作同评估工作分离。

5.4 多雇佣模式下知识管理的关键行为
——知识共享的激励

5.4.1 多雇佣模式下知识共享行为的复杂性和挑战性

由第 2 章的研究可知,基于知识竞争的知识管理行为可归类为知识获取、知识

共享、知识创新、知识应用、知识更新等行为。其中,知识共享被认为是关键的知识活动(芮明杰,2004),并认为是知识管理的一个重点。

知识共享是指使知识能够被组织内部其他成员获得的一种行为。个人之间的知识共享是指个人所拥有的知识转换为能被其他个体所能理解、吸收和使用的形式的过程。知识员工个体之间的知识共享行为,实际上是个体间的合作行为,这种合作是为了获取对自身有用的互补性知识,并建立在相互信任的基础上。

知识共享之所以重要,是因为共享提供了一种把个体知识转移到组织层次的纽带。Cohen,Levinthal(1990)认为,拥有差异化知识的不同个体之间的互动和交流,对增强组织创新的能力要远远超过任何单个的个人所能达到的程度。知识共享对知识创造、组织学习和组织业绩提高起着关键的作用(Bartol,Sirvastava,2002)。但是,如何才能促进组织内部员工的知识共享,却一直是知识管理领域的一个难点。袁庆宏(2003)也指出,要想实现知识管理的理想目标,必须克服知识的个人独占与组织共享之间的矛盾、知识的隐含性难题及知识的网络化难题这三个组织行为层面的基本难题。涉及鼓励个体成员将头脑之中的个人知识拿出来与组织共享,隐性知识的开发与利用及在开放的网络组织环境中,企业如何通过知识联盟在分享知识的同时又不丧失自身的核心竞争力等问题,这些问题与来自不同雇佣来源的员工密切相关。

樊治平(2006)在其知识共享研究综述的文章中指出,尽管很多学者对影响组织内与组织间知识共享的因素都进行了论述,但是缺乏实证基础,所以将来研究的一个重点是以实证研究为基础,对影响组织内与组织间知识共享的因素进行进一步的归纳与提炼,以形成相应的理论体系。

根据Lepark和Snell的雇佣模式框架,可将员工分为基于工作的雇佣、基于知识的雇佣、合同员工和联盟员工。不同雇佣模式下的知识员工在一起工作必然会相互影响,各类知识员工对人力资源管理实践的措施及认知的不同,会影响他们的公平和信任感知,进而对知识共享行为产生影响,降低企业的效率和侵蚀企业的市场竞争力。因此,综合考虑多群体知识员工的知识共享激励将比只考虑一种群体具有更好的实施效果和操作可行性,更容易达到使这些群体对企业的潜在贡献最大化的目的。

上述本书给出了知识管理行为的激励总框架,知识共享作为知识管理行为的一个子行为,其激励也可纳入该框架中。然而企业内外部的不同知识群体有不同的关键激励因素,企业不同雇佣模式下的知识群体的知识共享行为是本章要解决的关键问题,这首先需要对各知识群体知识共享行为进行分析。进一步,以多雇佣模式知识员工为研究对象,探索不同雇佣模式员工知识共享行为的影响因素,为组织应该如何采取措施才能更好地促进知识工作群体知识的分享提供理论依据。

5.4.2 全职员工知识共享行为分析

就企业全职知识员工来说,大部分人拥有一定程度的一般知识和公开的知识,经济学家们称之为一般的人力资本。员工同样也拥有职业专有人力资本,这种知识一般通过专业群体或协会编撰形成共同知识体。个人也有可能拥有某种特殊行业的知识——行业特殊人力资源。最后,员工拥有的企业特殊知识主要局限于一些特殊企业的应用,正如交易成本经济学(Williamson,1975)提到的,公司特殊知识和资产仅仅在一个特殊的企业里才有使用的价值。Matusik 和 Hill(1998)把这归为私人知识,"这些只以公司的独有程序、过程、文件或商业秘密的形式存在"。虽然存在形式迥异的知识,但事实上员工并不单单拥有一种知识,他们更多的是利用上述四种中的某些知识来为企业做贡献。

对组织全职员工而言,其拥有可以共享的知识大致可以分为两种:一是那些对自身的效用有重要影响的知识,二是共享后对自己没有损害、不至于降低自身效用的知识。

前一种知识对员工在企业中的地位、职务提升、报酬等方面有十分重要的作用,因而员工对这部分知识相当敏感,不愿意将其轻易地共享出来。换句话说,如果其他人都能主动地把自己的知识共享出来,那么自己也采取共享的策略是最优的,因为这可能意味着成功地开发出新的产品和技术,从而使自己和企业都获得好处。而如果其他人都不共享自己的知识,那么自己也采取不共享的策略是最优的。一是因为自己即使共享了知识也不一定会使新产品创新成功,也就是说可以预期的效用增加不明朗;二是由于共享后可能使其他人得到自己的知识,进而降低自身知识在企业的稀缺性,也就是自身效用的预期减少。

员工的这种行为逻辑带有明显的集体选择性质,而其根源在于知识本身的准公共物品的性质。这是由于:第一,对于知识的使用是非竞争性的,自身对知识的使用并不影响其他人对同一知识的使用。知识一旦被共享而公开后,增加更多的使用者基本上没有边际成本。第二,知识使用的部分排他性。知识不像土地、固定资产那样具有排他性,知识能为很多人和企业同时使用。如果没有相应的产权制度,无法制止其他人也使用同样的共享后的知识来创造价值,避免这种情况的一条最直接的途径就是不共享。第三,有些学者将生产与消费的不可分性也作为衡量公共物品的标准之一。对知识的生产和消费同样是不可分的,知识不可能分为一个一个的单位而出售,因此,知识具有准公共物品的性质。

对于这两种知识,前一种状况主观共享障碍比较突出,后一种情况客观障碍比较突出。客观障碍的问题本研究留在第 6 章解决。

5.4.3 知识联盟伙伴知识共享行为分析

1. 知识联盟

在第 3 章图 3-6 的左上象限中,我们发现一些员工拥有的知识、技能对企业的战略价值不大,但他们对企业来说又是唯一的。由于唯一性的人力资源偶尔才被雇佣,因此企业不值得花费内部雇佣的成本。在这种情况下,Lepak 和 Snell(1999)建议企业可以与这些外部组织建立动态联盟或者以合作伙伴的关系来合作完成一些任务或项目。顾问可能是这种形式的最好的例子,法律援助、税收建议、企业资源计划解决方案等等诸如此类也一样。更多情况下,企业通过知识联盟的方式来获取知识。这种知识战略性和唯一性可能都很重要。

知识型联盟是一种"组织联合和共享知识并交易知识产权的组织间的关系"(Li Yueh Chen, 2004)。联盟内的知识共享是指通过组织之间的相互学习,使知识在联盟组织间流动、转移、外化、内化以及共同化,进而促成知识资源的优势互补,获得联盟的"学习效应"。

2. 知识型联盟中知识共享影响因素的内生性

知识型联盟对组织间的知识共享是一把双刃剑。它既开辟了共享知识的道路,又滋养了知识共享的内生障碍,造成伙伴间的知识共享具有两面性。这是由联盟下列的自身因素决定的。

(1)联盟既合作又竞争的关系。一方面,联盟具有"合作"性。交易费用理论认为,知识产品市场效率极低,普遍存在"市场失灵"。企业"常通过建立联盟促使企业知识进行内部化转移"(史占中,2003)。因此,战略联盟常被看作知识交易市场的替代物,联盟伙伴都有相互合作而共享知识的愿望和动力。另一方面,联盟又具有"竞争"性。知识共享涉及知识主体的利益分配,但成员利益的异向性决定了伙伴间又有相互排斥和知识保护的倾向和机会主义动机,从而联盟内的投机风险和信任危机成为知识共享的首要障碍。Hamel(1991)曾用"学习竞赛"来形容这种伙伴间知识共享的竞争。因此,在自我效用最大化的驱动下,参赛者难免违背竞赛规则,获取不对等、不公正的联盟利益,进而破坏知识共享的有效性。

(2)联盟先天的制度特性。一方面,战略联盟为知识共享创建了有利机制,联盟的建立冲破了企业传统边界对知识流动的束缚,使企业从组织边界外获取知识,"形成不同企业的不同专门知识间的协同"(许运娜,2003)。另一方面,联盟本身又是一种松散的机制,缺乏严密的管理体系、控制机制和逻辑规则来促进和保证学习效率并抑制联盟内的风险和不确定性。这种与生俱来的制度缺陷决定了知识共享的许多影响因素具有内生性。

由上可知,由联盟的自身因素决定了知识型联盟对组织间的知识共享是一把双刃剑。它既开辟了共享知识的道路,又滋养了知识共享的内生障碍,造成伙伴间的知识共享具有两面性。

3. 与知识联盟成员有关的影响联盟知识共享的主要因素

(1)联盟成员的经验。联盟成员对技术的累积经验是其理解新技术的重要因素。知识领域的先期经验,有利于联盟成员对相关知识的吸收,使其能在知识共享过程中较好地接受新知识。知识联盟的益处是协调不同联盟成员的不同知识,如果两人有完全相同的知识,那就没有联盟的必要。但是,如果员工之间有完全隔离的知识基础,知识联盟又不能达到所要求的水平。

(2)联盟成员的保护。知识共享的效果并不仅仅决定于联盟成员内部吸收能力,它也要依靠成员之间的充分合作。事实上,隐性的知识的传播需要教授,这就意味着合作者的保护意识要降低到最低水平。

(3)文化差异。联盟成员之间在文化方面可能存在一定的差异,如经营思想、价值观和工作风格等。合作者之间的距离和文化差异是学识交流的主要障碍,这影响着成员之间正常的学习和交流。所以,文化上的差异可能会导致更多知识共享上的困难。

(4)组织差异。不同的组织结构、管理方式和管理规则会影响联盟成员之间的合作,产生实践中的不对称性,从而阻碍知识共享与学习的有效性。联盟中两种不同的组织文化会产生知识的模糊性,对比文化差异的效果,组织差异则会放大这种模糊性。

4. 战略联盟中知识共享行为的激励

联盟中知识共享行为的激励主要通过对联盟绩效的评价、控制、对联盟成员的选择和管理来完成。

(1)联盟绩效。

首先,与单一组织相比,联盟绩效的测度更具复杂性,因为战略联盟涉及两个以上的主体,每个主体都会有不同的绩效;其次,与单一组织相比,联盟的目的更趋多样化。本研究关注基于联盟知识共享行为的联盟绩效评价。在具体衡量时结合"行为"和"结果"两个指标对联盟绩效进行综合评判,重点是"行为"指标,如知识共享方面态度是否积极主动、参加知识交流会的次数、主持技能培训的次数、提出建议被采纳的次数以及联盟伙伴的主观评价等。"结果"指标包括知识绩效(反映员工运用共享知识创新能力的知识创新成果,专家计算机联合评价系统评价员工在知识共享与交流方面的成果)、团队业绩等。

第 5 章　知识管理行为激励

(2) 战略联盟的控制方式。

1) 基于契约的正式控制。在战略联盟中,正式的契约是控制合作伙伴行为的重要手段。通过契约,联盟成员能够详细地规定合作各方的责任和义务,同时也给予了合作伙伴在对方实施投机行为时依靠第三方力量保护自身利益的权力。

苏中锋等人的研究表明,正式控制的成本会随着控制水平的提高呈现出更高速度的增长态势(2007)。控制成本的提升一方面表现在签约成本的提高上;另一方面,正式控制的监督成本会随着控制水平的提高快速增长,而且过度的契约化会阻碍联盟对环境的适应性以及联盟战略的柔性,使企业不能适应环境的变化。过于强调正式控制将会降低组织间的沟通与互动,完备的契约条款对双方的行为做出了详尽的限定,双方都在致力于遵照契约执行,而忽视了在合作过程中相互沟通和交流,这就使得当环境突然发生变化时很难通过有效地沟通迅速地达成共识。

2) 基于信任的社会控制。基于契约的正式控制强调了交易(包括战略联盟)的经济属性以及在交易过程中防范交易者的机会主义倾向。然而对于联盟这种具有反复交易性质的合作来说,不但具有经济属性,同样也具有明确的社会交易维度,合作中也可能产生和发展交易各方之间的相互信任,所以基于信任的社会控制方式也就应运而生。即控制的实施不需要第三方力量的介入。相比而言,社会控制更适合内容较为复杂的交易与联盟(Dyer,1997)。

相比而言,正式控制强调文化的规则、目标、程序和规章制度来说明期望的行为,如知识共享行为,以此来保证目标的实现;而社会控制利用组织价值、惯例和文化来鼓励预期的行为(Dyer,1998)。二者的关键区别就在于前者更多地利用严格的绩效标准来评估结果,并通过硬性的措施禁止和惩罚与预期目标相违背的行为;而后者则更多地通过改变人们的行为价值取向,使其自觉完成组织期望的行为。

(3) 知识联盟成员的选择。知识联盟的管理从选择联盟成员时已经开始,联盟成员的选择对知识联盟的成功有着十分重要的意义,它直接影响到在联盟中能否获得知识和可以获得多少知识,对减少合作中的摩擦、增强联盟的稳定性、提高组织相互学习效率都具有重要的意义。

知识联盟成员选择的主要评价因素有:① 联盟对象的意愿。② 联盟对象的能力。③ 联盟对象的组织文化和价值观。④ 联盟对象的投入。⑤ 联盟对象的联盟记录。

在对组织自身和多个潜在的合作伙伴进行评估的基础上,可以从中挑选合适的合作伙伴作为联盟成员,挑选的基本原则主要是兼容性和互补性。

(4) 对知识联盟成员的管理。组织在确立知识联盟成员后,必须对每个联盟成员进行相应的管理。通过精心设计联盟组织,建立一种和谐平等的合作关系并对各方的责任、义务、权力明确加以界定,就可以大大减少潜在冲突的发生。柯江林(2006)通过博弈理论对组织中员工知识分享行为激励机制进行了比较分析,发现在完全信息静态环境下知识双向转移会陷入囚徒困境,对知识分享行为采用直接的显性激励机制会产生激励扭曲问题,而实行关联报酬则可以产生较好效果,在互惠信任机制下达到最佳。

5.4.4 合同员工知识共享行为分析

20 世纪 90 年代,非标准的工作合同雇佣增长比标准雇佣快很多(Kalleberg, 2000)。标准雇佣的特征是按一个固定的时间表,通常工作的全部时间都在雇主的经营地点工作,在雇主的掌控之下并且期望持续的雇佣(Kalleberg, Reskin, Hudson, 2000)。所有其他的雇佣约定包括合同工作、临时工作、兼职工作和自我雇佣都被认为是非标准的。合同工作是非标准工作约定中最流行的一种,由合同工带来的能力不是一个组织核心能力的组成部分而是组织的一种外购能力。如何更好地利用合同工的知识资源? 因为合同工只在有限的时间提供他们的知识给厂商,除非有足够的激励,他们不大愿意帮助组织学习他们所掌握的知识。因为一旦组织取得他们的知识,则就不再需要他们的服务了。所以如果把对企业正式员工的研究里得出的结论直接应用到合同工未免不太成熟。本节我们将从知识共享角度探索知识型合同工的作用,基于知识的项目人才签约的可行性,合同员工使用效果的主要影响因素以及如何提高签约的效果。

1. 基于知识竞争条件下人才的签约

本节我们仅讨论两种类型的签约情况:合同通过劳务市场的中介而签订,一个组织在合同的基础上雇用个人或将与主业没有联系的业务分包给另一个公司。签约的人才从事的核心项目活动包括隐性或显性知识的应用或两者的应用而非体力活动。因此本节的合同员工实际上指的是合同型知识员工。

提高组织上的弹性是雇用合同员工的最普通的原因。Harrison 和 Kelley (1993)认为组织希望通过合同员工获得三种类型的柔性:功能柔性、数字柔性和财政柔性。

功能柔性是指重新设计工作,因此组织上不会为不充分、不相关的需求而开发作一项工作的内部能力(Harrison, Kelley, 1993)。例如,公司不会一直需要管理顾问的服务,所以当问题出现时通过签约的方式获得他们的建议是一种有用的方法。

数字柔性是指工作能被重新设计以保证一些必需的工作在最小的经济和心理成本下雇用正式职工,当工作量提高时由短期聘任的合同员工来解决,以使劳动人数可以轻松调整至工作需要的数量(Harrison,Kelley,1993)。

财政柔性是指管理者在员工中引进更多的竞争的努力,以此降低完成组织特别功能的支出(Harrison,Kelley,1993)。引入竞争的一个方法是把特殊项目的部分或全部外包。当签约用来完成财政弹性时,Lei 和 Hitt(1995)提醒到,过多依靠合作者或供应者会引起对外部能力来源的依赖。

2. 提高签约的效果

一旦为一个基于知识的项目雇用合同员工,公司必须为项目配备工作人员,即安排一些合同员工和公司正式员工一起工作并管理他们的生产率。公司的人力资源管理系统如何有效地为项目配备员工是管理项目的重要决定因素。一旦项目开始运行,公司的知识管理系统将决定如何有效地将合同员工和正式员工结合起来并有效地使用他们的知识。表 5-5 概括了关于合同员工使用效果的主要影响因素。

表 5-5 合同员工使用有效性的决定因素

决定因素	签约人才最有效时刻
人力资源管理系统	·合同员工和全职员工的筛选系统是建立在一个清晰的任务说明的基础上;当签约合同人才时,识别新技能是必要的;确保合同和全职员工的审查 ·培训系统在必需的新技能上提供正常的培训;为减少在职培训机会做出补偿 ·薪酬系统为合同员工与全职员工的知识共享提供激励 ·保留系统鼓励适当的合同员工继续签约;预防全职员工向合同劳动力转变
知识管理系统	·中心公司具有以下边界管理能力:关系管理(在与合同工互动的管理中投入合适的资源);合同工评估(保留恰当的评估合同工技术和关系绩效的能力) ·中心公司投资知识传播和能力保留

(1)设计人力资源管理系统。

1)选择项目员工。许多公司和中介的合同协议就像 Williamson(1991)所称的混合组织形式,一种介于市场和阶层组织的中间产物的形式。他主张这种混合形式需要比市场或阶级组织更复杂的合作形式和适应性。Davis Blake 等人(1993)报告工程师与合同设计者合作通常需要几类当设计团队仅包含了全职员工时不需要的技能,如,他们需要商务技巧,因为他们经常需要跟缺乏公司或行业特定知识的合同员工解释公司的商务目的;由于必须通过谈判解决许多问题,他们也需要特别的沟通和影响力技巧。由于合同员工的雇佣经常会导致公司减少培训机会,因此选择拥有这些技能的个人是关键的。Pulakos,Dorsey(2000)认为,因为信任和沟通对产生、使用和共享知识是如此的重要,所以当基于知识竞争时,员工推荐是个好的招聘来源。

2)培训项目员工。合同工的使用趋于减少需培训才能胜任的那些被外包工作的岗位(Barnett,Miner,1992;Doeringer,Piore,1971)。这些岗位的消失使公司的员工了解合同工的工作并有效地与他们交流变得很困难。由于缺乏在职培训学习的机会,为保证合同的效果,学习合同所需的新技能,公司需要为正式员工更好地与合同员工共享知识所需的技能提供正常的培训。

3)为项目员工提供报酬。当使用合同员工时,为正式工和合同工之间的知识共享而实施强有力的激励是非常重要的。要想有效使用合同工的知识,通常需要合同工与公司中了解知识特定用途的正式员工分享知识。然而,Matusik Hill(1998)指出合同工可能不愿意分享他们的知识,因为他们认为这样做会减少他们对公司的价值。Matusik,Hill 建议为合同工提供永久签约的激励措施可能会使他们共享他们的知识,但是,提供永久合同又可能与数字柔性或功能柔性的目标不相符。在这些情况下,更传统的金钱激励,像达到预算、进度或者质量目标后给予奖金可能会更合适。另外,正式员工可能也不愿意与合同工分享他们的知识,因为这样会减少他们自己在公司的权利、影响力和潜在的价值。由于合同工的使用违背了正式员工的心理契约,使他们感到工作的不安全,因此提高工作的安全感可能是对他们共享知识的一个有效激励。在激励的领域,公司想要通过各种工作来加强合作、共享知识,同时也预防人才或新想法流失;在保留领域,公司经常需要合同员工的连续性和灵活性兼顾。如何设计人力资源系统,使其保持这些目标之间的一个合适的平衡就成为一个关键问题。

4)保留项目员工。当正式员工和合同员工共事一段时间后,他们发展了相互的信赖的关系并熟知项目成功关键的特定路径。有证据表明,合同工的经理们有步骤地把这些个体整合到持续工作的团队中,并增加他们对公司的归属感(Smith,1998)。相互信任、合作工作的高效方法和对公司的归属感是能提高未来项目绩效的重要资产。一定水平的稳定对发展智慧资本的团队是必需的。因此,公司试图在多个项目上使用相同的合同工团队是很常见的。然而,公司想通过项目对合同工延续的愿望往往与人才中介因为对费用和灵活性的关注而想保持员工完全签约的愿望相冲突。

2)设计知识管理系统。公司的知识管理系统的边界管理能力和知识传播与保留能力对签约的有效性是至关重要的。

1)边界管理能力。当雇用合同员工时,组织往往把与中介的日常关系管理交给一线经理。因此,一线经理处在管理合同工和与中介的关系的位置上。公司和中介的关系是一个需要管理的有价值的资产。研究发现当和中介的关系管理良好时,能带来可观的知识成果(Dyer,Nobeoka,2000),当管理不良时,经常会导致未达到期望和失望(DiRomualdo,Gurbaxani,1998)。在复杂的需要知识整合的签约情况下,开发热衷于整合的专家岗位可能是有用的。在惠普的研究案例中,Parker 和 Anderson 发现当惠普把逐渐增长的产品设计和制造外包出去时,高技能的供应链整合者(通常是以前的中层一线经理)对于项目绩效变得很重要,他们有能力把各种合同工之间的知识转化成适合惠普整个生产线的知识。

在一些情形下,尤其当公司想和特定的中介维持一种长期的关系时,他们产生了管理这种关系的"关系经理"或者"联盟经理"。虽然这些经理可能有用,但是,他们时常处在每个公司的相对高层的位置上,因此他们签署的协议不能满足特定需求的情况在每个组织中都经常发生,而这些组织都是为了有效地工作而签署合同。例如,关系经理经常假设公司之间的信息自由流动,但是却很少去移除由他们所在的组织产生的 IT 信息障碍,同样地,联盟协议表明中介有控制项目的关键方面的责任,但是公司的项目经理的激励制度使这些经理对项目成果负责,因此在这两个公司的中层经理之间易形成竞赛氛围。

2)知识传播和保留能力。Matusik,Hill(1998)主张合同员工的雇佣是知识产生的一个重要的来源,然而,除非公司有捕获并保留那样产生的知识的能力,否则从长远看它最终将会没有利益的。事实上,有证据表明,当雇用合同员工时,公司很少在捕获和保留由合同工产生的知识方面投入相关资源(Davis Blake et al.,1989)。在知识保留方面缺乏投资意味着每个新项目的一些知识可能需要被"再造",那些知识可能会限制项目的有效性。

即使一个公司鼓励保留知识,但是如果它没有能力吸收这些知识,它也可能不会这么做。Cohen,Levinthal(1990)主张一个公司的吸收能力——认知、同化并为外部产生知识提供新信息是它和外部环境关系的一个功能。从概念上讲,使用合同员工作为公司吸收能力的一种途径是可行的。然而 Cohen,Levinthal(1990)指出,特定类型的信息的吸收能力是一个关键成分,它通常是特定的,不能被购买并快速融合到公司中。公司吸引合同工所产生的知识的能力和组织内的个体吸收这些能力的激励在一定程度上能解决这些问题。

5.5 知识员工雇佣关系的差异化管理

企业多元雇佣方式对企业和对员工会产生不同的影响。从组织战略高度,企业要在坚持传统长期雇佣的前提下实现持续发展,不应将非典型雇佣当作临时性对策,也不能仅仅作为长期雇佣模式的补充,而必须把非典型雇佣模式打造成企业多元雇佣模式中的有机组成部分,建立起包含传统雇佣与非传统雇佣的混合模式。企业的多元雇佣模式要纳入企业战略人力资源管理体系,从战略层面充分考虑非典型雇佣员工的重要价值,让非典型雇佣员工也能很好地参与企业生产制造、经营管理过程,成为正式员工的重要补充和替代劳动力。

对于人力资源管理而言,一方面,应根据企业多元雇佣模式下的各类型员工构成情况及价值贡献,适时地将非典型员工管理纳入企业人力资源管理战略,以提高人力资源管理的系统性;另一方面,在进行人力资源管理体系构建中,充分考虑非典型雇佣模式的需要,做好传统雇佣员工与非典型雇佣员工的综合平衡,建立知识员工雇佣关系的差异化管理模式,余璇等(2015)也基于契约实现度视角设计了企业雇佣关系的综合管理模型。Lepak 和 Snell(1999)提出的人力资源结构体系法把一个企业看作是很多人力资源的组合,这些人员使用不同类型和级别的知识完成工作。一旦这个差异确定之后,就能够定位知识员工的管理和其他类型的员工管理的基本问题。

依照雇佣对象工作对组织目标实现的价值性和独特性,针对不同类型的人力资源类型,Lepak,Snell 把企业雇佣模式分成了 4 类:知识型雇佣、工作型雇佣、合同型雇佣和联盟/伙伴型雇佣(见图 3-6)。

企业标准化知识主要体现为科学知识,而专用知识主要体现为生产、市场和改进质量方面的知识。因此当企业需要采取创新战略,吸收企业外部先进的科学知识的时候,应该采取内部化人力资源政策。而当企业采取成本最优化和差异化战略的时候,需要的是关于降低成本、改进产品质量的专用知识,因而企业这时应该采取的是外部化战略。而当企业处于生命周期的早期,主要注重新产品的研发的时候,这时企业需要的是科学知识,应该采取外部化人力资源战略。而当企业处于生命周期的成熟期,需要专用知识降低成本、改进质量时,企业需要内部化人力资源战略。但实际上,企业在不同的时候也不是独立采取了同一种人力资源战略,而是不同人力资源战略的混合。企业在某些岗位上需要形成通用型的人力资本,而在另外一些岗位上则需要形成专有性的人力资本。企业对某些员工进行内部化的人力资源模式,而对另外一些员工采取外部化的人力资源模式。从员工拥有知识的战略价值性和专有性两个纬度出发,能够很好地解释不同类型的人力资源与企业不同人力资源战略之间的关系,如图 5-5 所示。

高	象限4 人力资源战略:联盟 雇佣关系:基于联盟 人力资源配置:合作	象限1 人力资源战略:内部 雇佣关系:基于知识 人力资源配置:忠诚
员工拥有知识的专用性	象限3 人力资源战略:临时雇佣 雇佣关系:基于合同 人力资源配置:附属	象限2 人力资源战略:外部 雇佣关系:基于工作 人力资源配置:基于市场
低		

图 5-5 知识特性及其相应的雇佣模式

1. 知识型雇佣采用内部化战略并构建基于组织承诺的雇佣管理模式

第一象限中的员工拥有的是高价值和高专有性的知识。这类员工主要表现为企业核心部门的关键员工和企业的中高层管理者,如企业中的技术开发人员、市场开发人员和骨干员工。企业将其视为竞争优势的源泉,因而无论是出于长期战略上还是短期财务上的考虑,企业都有动机对这类知识员工大量投资,内部化开发其知识和技能并谋求与之建立长期雇佣关系(Tusi,Pearce,Tripoli,1997),实施基于组织承诺的雇佣管理。该类员工拥有的是与企业背景紧密关联的,在市场上难以获得的知识,并且这些知识对于企业而言具有很强的战略价值。对该类员工而言,企业应该采用的人力资源战略是长期雇佣和内部开发。组织通过对员工在开发企业关键技能方面进行长期投资,允许雇员更多地参与企业决策活动,使雇员产生高水平的持续承诺,形成组织与员工之间长期的相互忠诚的组织关系和关系型心理契约。构建基于组织承诺的雇佣管理模式。

在进行具体的雇佣关系管理时,可以从以下几方面努力:① 缔结家庭式的心理契约。基于知识型雇佣的员工的知识和技能具有极强的企业专用性,在公开劳动力市场上没有市场价值或者只有极低的市场价值,他们担心雇主采取机会主义策略行为,在雇佣博弈中"敲竹杠"(Hold up),因而当这类知识员工以企业为家,对企业投入承诺和忠诚的同时,也希望企业能给他们家的温馨。显而易见,与这类知识员工建立家庭式的心理契约并以此为基点形成以组织为家的雇佣关系,有利于保有和开发企业的核心竞争力。② 在组织结构和工作设计时,要坚持战略导向和顾客导向,强调组织柔性化和扁平化,充分授权,激励员工以更大的积极性、主动性和创造性在相当范围内支配资源,根据企业内外环境和顾客需要的变化对工作流程和操作工艺进行必要的调整。③ 在技能开发和配置方面,强调在职培训,鼓励员工干中学、干中教,在体验性学习中发展专用性的独特技能,与此同时,根据员工发展潜力而不是目前所拥有的知识与技能来雇用和配备员工,并结合企业和员工的需要,制定详细的员工职业生涯规划,为员工打通内部晋升的上升通道。④ 在考核和激励方面,强调以技能工资和发展性绩效评估来激励员工开发和掌握企业专用性知识和技能(Delany, Huselid, 1996),关注员工的战略贡献,实现薪酬支付因子从以岗位为主向以人为主的转变,强调向知识、能力和团队合作意识付酬,鼓励员工开发和掌握特定于企业的胜任力,增强员工的组织归属感和荣誉感。

2. 工作型雇佣采用外部化战略并构建基于绩效的雇佣管理模式

第二象限中的员工拥有的是高价值和低专有性的知识。企业应该采取的相应的人力资源战略是购买。由于该类员工拥有的知识和技能具有较大的战略价值,但又可以在劳动力市场上广泛获得,企业应该通过市场获取这类员工,否则企业难以形成自己较强的竞争能力。此外,这类员工的知识对企业而言并不是专用的,对竞争对手也具有同样的价值,如果企业对其进行人力资本投资可能会被竞争对手以较高的价值获取,因此,企业并不试图对员工的技能进行长期投资,而仅仅是支付反映在市场价格上的人力资本价值。组织对这类员工试图建立的是一种以利益共享为前提的互惠式共生雇佣关系,而不是长期忠诚的员工关系。这类员工体现在对职业而不是对企业高度忠诚的拥有标准化技能的总会计师、企业信息系统人员等。

由于采用市场招聘的方式可以使企业仅仅需要支付人力资本的市场价格,就可以迅速获得那些已在别处得到良好开发的技能,显而易见,对于这类员工适合建立以绩效为基础的雇佣关系管理体系,直接从市场上挑选技能熟练的知识员工并比竞争对手更好地利用这类知识和技能,可以在一定时间内为企业赢得相对竞争优势。

要形成基于绩效的雇佣管理模式,其管理具有以下特色:① 缔结共生式心理契约。由于此类知识员工所拥有知识的高战略价值和其技能的通用性,决定了他们通常倾向于忠于自己的职业而不是雇主,他们既不想也不愿被某个特定企业终生雇佣,在与雇主发生契约关系时,通常比较关注绩效,着重于短期的交易关系,希望获得有市场竞争力的报酬,只要他们感觉到能在其他企业得到更高的人力资本投资回报时,就可能向其他的组织出售其技能。因而与这类知识员工缔结利益上互惠共生的心理契约比较适宜。② 在组织结构和工作设计时,强调适度授权和明确岗位职责。员工必须履行岗位所要求的责任,完成企业给定的生产任务,充分发挥其人力资本所具备的高价值。③ 在技能开发和配置上,企业通常是围绕岗位开发出员工的素质模型,在劳动力市场上迅速招聘到企业所需要的员工并充分利用其技能以取得立竿见影的效果。因而相对于基于知识雇佣的知识员工来说,这类知识员工不太可能得到更多的培训与开发,对他们的配置则主要是以其目前所拥有的技能和所取得的绩效为依据。④ 在考核和激励方面,主要是关注员工的即期绩效,薪酬支付因子主要以岗位和业绩指标为主,鼓励员工迅速进入工作状态,实现人力资本价值,为企业创造效益。

3. 合同型雇佣采用临时雇佣战略并构建基于遵从的雇佣管理模式

第三象限中的员工拥有的是低战略价值和低专有性的知识。相应的,企业应该采取的人力资源战略是合同雇佣和临时雇佣。这类员工拥有的知识通常是低价值,并且很容易在市场上购买到,企业通常对这类员工采用的是合同化雇佣,包括临时工、松散的安排和其他形式的短期合同工作。企业可以向一些提供外部服务的员工租赁公司租用这类人力资源,这样既可以降低成本,又可根据需要灵活增减租用人数。相对于第一象限形成的关系性雇佣关系,组织对这类员工形成的一般是交易性雇佣关系。由于租用员工的本质是交易,人力资源管理活动将着重确保员工对合同概念和条件的遵从,而不需其履行过多的组织责任。为促使遵从,企业可能会强化规章制度和条例,制定与工作有关的规定,保证符合预设的标准。这类员工在企业中主要表现在普通文秘、后勤人员、支持人员等。

这类知识员工适合基于遵从的雇佣管理模式。因为他们在未来的一段时间内都存在着一个重新配置的问题,因此,企业通常采取短期合同租用的形式来雇用他们,强调建立基于遵从的雇佣管理体系,短期合同租用的雇佣形式既可以降低成本,保持企业雇佣的灵活性,又可以把企业有限的开发经费集中到那些能对企业竞争优势做出较大贡献的人力资本上。

围绕建立基于遵从的雇佣管理模式,雇佣管理实践要做到以下两点:① 缔结交易式心理契约。对于企业来说,在劳动力市场上可以较容易地获得基于合同的雇佣型知识员工,因而在雇佣博弈中占有优势地位,希望这类知识员工听从指挥、服从分配、严格遵守岗位的规章制度和出色地完成各项临时性和短期突击任务。而对于此类知识员工来说,由于他们在企业的价值较低,而且外部劳动市场上存在着较多的替代者,故他们在与企业建立雇佣关系时,希望在与企业互动的过程中,以其服从和严格按照操作流程办事来换取有市场竞争力的小时工资或者计件工资,并为自己流动到其他企业而赢得一个缓冲期。因此,雇佣双方都具有明确的即期绩效期望,双方的心理契约主要集中于短期的经济交换上。② 在进行具体的雇佣关系管理时,要严格界定员工的岗位职责,强化规章制度和条例,制定与工作有关的规定和标准,并通过明确的绩效考核和末位淘汰制,确保员工对合同条款的遵从,杜绝次品的产生,从而完成企业所规定的生产任务和提供顾客所需要的服务。对于这类知识员工一般不需要其履行过多的组织责任,组织也不会寄希望于从他们那里得到较多的组织承诺,培训活动主要是围绕企业政策、安全标准和岗位职责来展开,而对其考核则主要是关注即期绩效,付酬基本上是严格通过计件工资或计时工资来支付。

4. 联盟型雇佣采用联盟战略并构建基于合作的雇佣管理模式

第四象限中的员工拥有的是低战略价值和高专有性的知识。企业应该采取的人力资源战略是企业联盟。此类人力资本在某种程度上是独一无二的,但他们对创造客户价值并不具有直接的作用。他们的雇佣成本高,相对价值偏低,通常指那些从事基础研究,不直接从事产品的生产和服务活动的工程师、程序员和科研人员等。这类人力资本使组织处于两难境地,其专有性决定了完全依赖外部资源难以得到适用的技能,而如果完全内部化则成本收益比过高。在对该类人力资本管理时,人力资源部门应鼓励合作行为、团队和信息共享行为,通过建立战略联盟,一方面当企业需要某种知识专用性强的资本时,企业与外部伙伴共同努力创造新的价值;另一方面,在知识是共享而不是特定于单一企业的背景下,企业不可能花费资源来培训和开发合作伙伴(赵琛徽,2004)。

对每个企业来说,如何在本身特定的环境下确定员工配置的最优组合,以及设计能最大化员工对企业成功所做的相关贡献的人力资源管理系统,将是一个很大的挑战。

另外,一个企业的人力资源的组合应该被视为动态的,而不是静态的。因为人力资源的相对战略价值和唯一性是随着时间而变化的。例如,当企业要改变它的技术或战略目标时,应该考虑它的人力资源贡献的内涵。因为企业的核心能力改变了,对人力资源知识和技术的要求也会变化。

对于企业来说,完全内部化雇佣会伤害企业的市场竞争力,相反,如果完全依赖外部资源,则可能不能满足企业独特性的要求,也会对企业的竞争力产生不利影响。所以,最好的雇佣策略就是在雇佣关系上与之结成战略联盟,构筑以合作为基础的雇佣关系管理体系。在战略联盟里,体现"但求所用,不求所有"的用人思想,因而在具体的雇佣管理实践上有以下要求:① 缔结伙伴式的心理契约。对于企业来说,人才使用的战略联盟能兼取内、外部雇佣的优势,企业希望这类知识员工既拥有企业专用性程度高的技能,同时也希望他们有较强的团队意识和合作精神,并遵循互惠共赢的原则。对于员工来说,由于他们拥有特殊的技能,而这些技能只能在协作中增值,故希望企业能根据团队目标的完成情况,对特殊知识和特殊技术诀窍付酬,并建立合作信任和信息分享机制。② 在组织结构和工作设计时,多采用有机式组织设计,主要以团队和项目的形式来完成任务,工作团队里以信息共享和相互信赖为前提,没有信息共享则契约双方最多只是知识和资源的堆积,没有信赖则任何一方都不会给另一方提供有用的信息也不敢对接收到的信息进行加工和处理。③ 在技能开发和配置方面,企业不可能花巨资来对这类员工进行知识培训和开发,而更倾向于投资建立伙伴关系,鼓励合作行为和信息共享行为,因而培训多集中于团队建设、沟通机制、交换程序、工作轮换、指导关系等旨在促进信息共享和知识转化的活动。④ 在考核和激励上,关注团队目标的完成情况,使用以小组为基础的绩效评价和奖励系统,鼓励这些知识员工在合作的基础上发展独特性的知识和技能,因而激励约束机制的设计必须着力于建立相互合作与信赖的伙伴关系,鼓励相互利用对方的独特技能,产生企业协作剩余。

5.6 多雇佣模式下知识群体的协同激励策略

对于知识竞争环境下的组织来说,作为一个系统,对多雇佣模式下的知识群体进行协同管理,具有不同知识价值的员工群体结合在一起是最有杠杆效应的(Lepak,2005)。HRM 实践如何组合才能提高他们的贡献?本节试图给出多雇佣模式下知识群体的协同激励策略,从关注个体员工转移到对各种员工群体贡献的合作和集成上来,力图形成一种全局视野下有效指导基于知识竞争的行为的清晰的逻辑思路。

上述给出了知识管理行为的激励总框架,然而企业内外部的不同知识群体有不同的关键激励因素,只有对不同群体的行为采取不同的激励制度安排,才能真正激发他们的积极性,实现激励效用最大化。

知识型企业的动态性、知识性特征要求其在通过获取 HR 优势的过程和努力中应具有适应性和灵活性。也正是这种适应性和灵活性决定了其应该采用多维方式获取战略人力资源,应该构建相匹配的多水平心理契约。所谓心理契约是指雇佣关系中的双方即组织和个人,在雇佣关系中彼此对对方应提供的各种责任的知觉和期望(Heniot,1997)。如与内部化发展(组织正式员工)获取方式相匹配的较佳心理契约模式应是组织承诺,而与契约或联盟获取方式相匹配的较好心理契约模式则应是注重遵守契约、注重利益相互依赖、注重合作和诚信的这样一种期望。也只有如此,才能真正做到与战略的匹配。

不同雇佣模式下的知识员工在一起工作必然会相互影响,表现最为突出的是,各类知识员工相互间待遇和工作稳定性上的不同会让他们产生不公平感。公平感的缺失,将会对员工知识共享行为产生不良影响,进而降低企业的效率和侵蚀企业的市场竞争力。要解决好这个问题需要做到下述几点。

(1)以对待知识雇佣型员工的态度对待所有的知识员工。虽然对不同象限中的知识员工采取了不同的雇佣模式,但在管理理念上,企业应倡导所有的员工都是企业最宝贵的资产,尊重他们的个性,尊重他们的劳动,营造自由、平等、宽松的工作氛围。在企业的具体管理上体现为文化激励,明确统一的组织文化是知识员工协同工作的基础,可以通过组织文化的培训、对符合组织文化的行为予以认可等方法解决不同雇佣来源员工群体的文化差异问题。

(2)为各类知识员工提供发挥聪明才智的舞台,确保机会公平和程序公正。尽管每类知识员工对企业的贡献客观上存在着差异,但绝不能因此而剥夺那些战略价值或专用性较低的知识员工参与竞争的机会。如只有当正式员工和合同员工不仅为相同的目标被给予报酬,而且通过相同的机制(比如,相同比例的薪金激励)被给予报酬的时候,合同员工的使用效果会更好(Alison Davis,2003)。

另外,在知识员工类型的认定以及决定不同类型知识员工奖酬差别时,需要对知识员工构建一套经常性的、持续性的内部评估审核分析体系,及时评估每一个知识员工对企业目标的实现程度并及时论功行赏,从而为营造公正合理的竞争环境奠定基础。

员工的公平感除了与企业内员工间待遇差别大小有关之外,还与外部劳动力市场上薪酬水平有关。尽管为了提高企业效率拉大了企业内的收入差距,但是各类员工特别是企业内收入水平相对较低职位上的员工在与外部劳动力市场上薪酬水平相比较时,如果发现自己的薪酬待遇具有相当竞争力时,就会在一定程度上降低不公平感。

(3)建立合作者之间的相互信任关系。把"共享利益、共担风险、相互平等"等作为知识共享的一个基本原则,并相应以制度、协议的方式给予保证,逐步建立起员工间的相互信任。另外,不同群体间的知识员工不同于传统的员工,他们可能是超越时空、距离和组织边界的,因此,有必要合理运用计算机和多媒体技术,通过有效沟通和交流,使团队成员彼此达成高度信任,避免在交互工作中产生偏差。

(4)打通职业晋升通道,科学规划职业生涯。企业可以设计若干职业晋升通道供各类知识员工选择,并辅之以恰当的激励机制,从而保证各类知识员工能结合自身特质和企业战略,合理规划职业生涯。

(5)知识型企业在获取战略人力资源的同时要获取人力资源的整合优势,获取整合优势的关键是构建与多维战略人力资源获取方式相匹配的多水平雇员与组织间心理契约。不同雇佣模式的心理契约特点见表5-6(刘军,等,2006;杨百寅,

2012)。

表 5-6 不同雇佣模式的心理契约特点

基于知识雇佣的知识员工	基于工作雇佣的知识员工	合同型知识员工	联盟伙伴型知识员工
当这类知识员工以企业为家、对企业投入承诺和忠诚的同时,也希望企业能给他们家的温馨。显而易见,与他们建立家庭式的组织承诺心理契约并以此为基点形成以组织为家的雇佣关系,有利于保有和开发企业的核心竞争力	这类知识员工都接受过某种特别的职业或专业训练,能有效地"出售"其才能给任何组织能力。因此,为了管理这些雇员,组织应努力建立一种互惠互利的"共生型"雇用关系:雇员和组织双方都可能"持续受益从而保持雇用关系"	由于他们在企业的价值较低,而且外部劳动市场上存在着较多的替代者,故他们在与企业建立雇佣关系时,希望双方遵守契约,希望拥有与正式员工一样的激励机制,以其服从和严格按照操作流程办事来换取有市场竞争力的奖酬,并为自己流动到其他企业而赢得一个缓冲期	企业希望这类知识员工既拥有企业专用性程度高的技能,同时也希望他们注重契约、有较强的团队意识和合作精神,并遵循互惠共赢的原则。对于员工来说,希望企业能根据团队目标的完成情况,对特殊知识和特殊技术诀窍付酬,并建立合作、信任和信息分享机制

对于知识贡献型员工,由于其拥有高价值和高企业专用性,企业将其视为竞争优势的源泉,因而无论是出于长期战略上还是短期财务上的考虑,企业都要对这类知识员工大量投资,内部化开发其知识和技能,并谋求与之建立长期雇佣关系(Tusi,Pesrce,Tripoli,1997),实施基于组织承诺的雇佣管理。而与合同知识员工获取方式相匹配的较好心理契约模式是遵守契约、与正式员工一样的激励机制;与联盟伙伴获取方式相匹配的较好心理契约模式则应是注重遵守契约、注重利益相互依赖、注重合作和诚信的这样一种期望。也只有如此,才能真正做到与战略的匹配。

另外,还要注意心理契约构建中的动态性。所谓动态性,即指随着知识型企业运作环境的变化及战略目标的相应调整,战略性人力资源也许会转变为非战略性资源,此时需要对心理契约的构建与引导做出相应的调整以适应动态环境,即心理契约的构建也需要具有动态性以匹配战略。概括而言,要构建与战略及战略人力资源获取方式相匹配的心理契约。同时,应明确要构建这种与战略及战略人力资源获取方式相匹配的多水平心理契约,其是"捆绑式"人力资源管理实践共同作用的结果。

　　Wright 和 Snell(1998)还强调战略性人力资源管理中的柔性概念。柔性是指：① 建立能够迅速适应变化的人力资源系统；② 获取宽技能的人力资本存量；③ 提高员工行为的自觉性。柔性提供了组织调整现行策略或实务，可重新分配组织资源及活动以适应组织环境变化的能力。

　　综上，本研究提出基于多雇佣模式的多水平心理契约柔性激励模式，见图5-6。试图给出一种全局视野下指导多雇佣模式下不同群体知识共享行为的逻辑框架。各企业可根据自己的具体情况，在运作实践中采用灵活的多维战略人力资源的获取方式，并通过"捆绑式"人力资源管理实践构建与战略人力资源获取方式及部门要求相匹配的多水平多维度的动态心理契约，对该模式进行剪裁以适应本企业的实际情况。

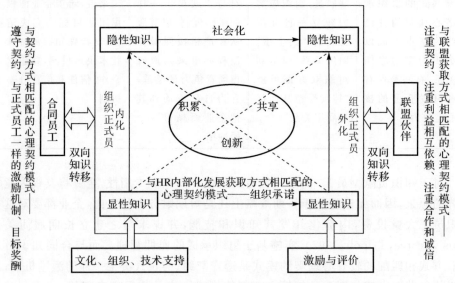

图5-6　基于多雇佣模式的多水平心理契约柔性激励模式

第6章 知识管理行为支持系统

依据系统论的观点,组织是一个社会协作系统,员工的绩效表现是系统中各因素综合作用的结果。即使员工们明白组织中知识管理行为的重要性,具备从事知识管理行为的能力,并被激发去这样做,但实际上如果没有合适的机会他们仍无法进行有效的知识管理。根据绩效函数 $P=F(M, Ab, E)$,员工工作绩效不仅取决于工作积极性 M 和员工自身的工作能力 Ab,而且还与工作条件 E 密切相关。所以,企业不仅要对知识员工进行充分激励,而且要为知识员工发挥自身能力创造有利的环境条件,这种环境不仅包括组织结构、工作环境(工作条件、工作设备等),而且包括企业的人文环境等。

6.1 员工行为支持研究回顾

知识管理文献的聚焦点之一是结构导向,即从技术、文化和组织结构方面来研究知识管理问题(马宏建,2005)。无论数据管理技术还是信息管理技术,其处理对象大都是显性的信息,对隐性知识基本无能为力,无法把握知识的丰富性和知识背景的复杂性,也难以有效支撑知识管理所强调的知识共享和协作功能。Schein(1980),林东清(2005)等学者从企业文化层面研究了整体知识管理的推行; Nonaka(1995),Grant(1996),Liebowitz 和 Beckman(1999)、Merali(2001)等对知识经济时代的组织结构特性、设计原则和组织形式进行了研究。这些研究的主要局限在于研究角度单一,而员工的绩效表现是系统中各因素综合作用的结果,所以需要站在系统的角度研究行为支持系统,并重点关注不同知识群体的关键知识管理行为的实现(见图 6-1)。

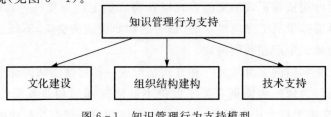

图 6-1 知识管理行为支持模型

本章正是针对上述问题,从支持系统的角度探讨了员工知识管理行为的实现;从基于社会资本的知识共享分析入手,重点探讨了多雇佣模式下提高知识分享机会的三种途径:基于团队的组织设计、电子沟通系统和信任互惠的文化。

6.2 员工知识管理行为支持系统

6.2.1 组织文化为知识管理提供了环境

1. 组织文化对交流环境的影响

(1)垂直交流(上下级之间)的模式与质量。组织文化以多种方式影响垂直交流,其中与知识管理密切相关的是决定对于讨论的热点或敏感问题容忍程度的行为规范,以及高层领导人的可接近程度。例如 Buckman Labs 公司,当刚刚引入一个知识网络时,公司 CEO 便投身于一项旷日持久的关于销售奖励制度的电子讨论,一连几个礼拜,推销人员在网上热烈地进行讨论,有时甚至直接同 CEO 讨论现有奖励制度的不合理性。隐藏在这场开放式讨论背后的是这样一种文化理念:任何事情均可讨论,并存在一个支持这种垂直交流的行为规范。

促使高层领导人变得平易近人的行为规范和惯例也有助于建立一种促进知识有效利用的环境。例如 Chaparral Steel 公司有意识地将普通员工的存衣柜与副经理的紧挨在一起,这样就能为员工与领导人之间的非正式交流创造机会。相反,如果一种组织文化缺乏相应的鼓励上下级之间开放而坦诚交流的行为规范和惯例,就必然导致一种妨碍而非促进知识有效利用与分享的交流环境。

(2)横向交流的模式与质量。组织文化同样会影响知识生产、分享和利用所必需的横向交流的模式与质量,其中与知识管理密切相关的是:交流量、集体负责程度以及对寻求现有技能或知识的态度。

组织文化决定完成一项工作所需要的横向交流的频率以及对这种交流的期望值。一些公司可能依赖正式的交流方式以及将人们定期聚集在一起的各种会议,另一些公司可能推崇员工之间经常的、临时的和非正式的交流,不同的交流方式将会导致不同的知识生产和利用模式。

组织文化影响横向交流的另一种方式是形成一些促使团队内部合作的行为规范和惯例。当行为规范和惯例有助于促进不同职能部门和业务单位之间的合作时,这种相互交流无疑会产生新的知识,并会促使知识得到更为有效的利用。

(3)基于网络文化的交流模式。对于大型企业来说,地理分散,人员众多,不管是横向交流还是纵向交流,面对面的交流是有限的,而基于互联网的 Blog 和 Wiki 交流方式是非常有效的。网络文化强调平等、各抒己见,克服了面对面交流中上下级之间的拘谨和某些场合的尴尬。基于网络的交流更有利于员工之间建立平等交流的文化风气。

2. 支持组织知识管理的文化

林东清(2005)认为,下列的主流文化,将有助于整体知识管理的推行:① 英雄文化。指如果有个人或团队在执行知识管理上的效果很好时,组织应该明确地肯定其功劳,并以具体的方式对其进行表扬。② 家庭文化。指组织将所有员工视为一个家庭中的成员而予以关怀和爱护,而不是随意以含糊理由裁员。例如,HP 公司在不景气时,高层主管以自身的减薪换取基层员工的工作保障。这种家庭文化,使得员工对组织的认同感和忠诚度相对地提升,进而驱使员工贡献并共享自己的专长与知识。③ 创业者文化。指组织鼓励所有员工视组织为自己所拥有的公司,而致力于思考提升生产力及创新产品等。这种将组织目标视为所有员工个人责任的文化中,员工会广泛、深入地致力于创造、共享及利用知识。④ 授权的文化。指充分地授权员工并提高其决策的权力,充分支持其工作所需的资源、信息、技能与知识,通过工作丰富化让员工承担更大的责任。⑤ 短权力距离的文化。指一个组织内职位最高与最低员工之间的权力分配的差距小。权力距离越小,说明这个组织注重参与、民主和授权管理,对于知识的共享是水平流动的。

Schein(1980)等人指出,培育一个知识导向型文化是知识管理成功的关键要素之一。知识导向型组织文化,是指将知识视为组织最重要的资源,能够支持有效地获取、创造、交流和利用知识的组织文化。知识导向型文化的关键因素是对新知识持一种欢迎态度,并且在一个不断学习和尝试被高度评价、重视和支持的环境中,创造一种信任和开放的气氛。

对知识采取积极态度的文化具有下述特征:① 将来自外部的新知识视为创新的起点而非终点;② 针对各种内部和外部因素,鼓励对重大战略问题进行充分讨论;③ 鼓励公司员工广泛参与获取和讨论对本公司有重要意义的知识;④ 公司能够改革曾经支持公司获得成功、但已不再适合新形势的那些信念和假设。

知识导向型文化至少包括以下几方面的内容:① 相互信任——这是知识共享和交流的基础;② 开放式交流——每个人都要为公司的知识库做出贡献;③ 学习——每个人都有义务将学习作为一项终生任务和一种生活方式,都有义务汲取最好、最多的知识;④ 共享与开发组织的知识运行机制——人人都有义务推进公司知识库的良好运行;⑤ 享受知识管理过程——员工应以传播、获取、创造和应用新知识为乐事;⑥ 对待员工的积极态度——认为员工是聪明的,喜欢和愿意探索的,对外部世界充满了好奇,并且公司鼓励他们的知识创造活动;⑦ 创新失败宽容机制——要建立创新的激励机制,除了有创新成功奖励机制外,还应该建立起创新失败宽容机制(左美云,2000)。由于在一定范围内的失败可以被宽容,企业员工创新的积极性就会非常高涨,创新意识就会非常强,显然,创新成果也会随之增多。除了限定宽容的范围之外,创新失败宽容机制还要求失败者将失败的原因进行分析,整理成相应材料,供其他人参考。这样,就将主观上不愿意看到的失败客观上规范起来,纳入有效管理的范畴,同时找寻失败原因,为后续的成功奠定基础;⑧ 在组织文化中没有对知识的抑制性因素——员工对公司并不觉得疏远甚至敌视,员工并不认为分享知识会危及自身的利益;⑨ 知识管理项目同现有组织文化相容。

Schein(1980)的研究表明,以下 10 项因素对于建设知识导向型组织文化最为重要:① 在招聘和社交活动中对公司宗旨、章程和纲领的正式陈述;② 公司布局、外表及建筑的设计;③ 树立榜样,以及由公司领导层主持的教育和培训;④ 明确的奖励、级别制度和提升标准;⑤ 关键人物和事件的故事、传说与格言;⑥ 组织领导层的工作重点、手段和控制方式;⑦ 组织领导层对关键事件和公司危机的反应;⑧ 组织结构的设计和构造方式;⑨ 组织系统和业务流程;⑩ 员工的招聘、选用、提升、退休等人力资源管理政策。

6.2.2 组织结构与知识管理

在知识经济时代,经济结构和公司工作性质已发生了巨大的变化,突出体现在以下几方面:公司工作重点由枯燥重复性工作转向创新和关心,工作组织形式由个人工作转向团队工作,工作类型由职能性工作转向项目性工作,员工技能要求由单一技能转向多功能,权力中心由上司权力转向顾客权力,工作协调力量由上司协调转向同事协调。而工业时代的直线制组织模式,由于其高度分工和专门化、高度阶层化和中央集权及刚性管理体制已成为公司推行知识管理的最大障碍之一,公司面临的各种挑战要求将公司改造成为有生气、充满智慧的知识型组织。

Grant(1996)认为在知识经济时代,组织结构的设计不能以传统的生产要素或产品和工作流程来思考,而应以知识为核心资源考虑,即组织必须在了解知识不同的本质与特性后,再来决定组织结构决策权集中度的设计方式,以达到充分支持组织知识创造和利用的目的。因此,他提出知识导向的公司理论,主张组织应兼顾知识管理的专精分工以支持知识的创造,良好地协调整合机制以支持知识的利用,并建议利用模块化的团队构造组织的整体结构。

1. 面向知识管理的组织结构的特点

面向知识管理的组织结构的特点可大致归纳为组织柔性化、组织扁平化和组织网络化等几方面。

(1)组织柔性化。"柔性"泛指适应变化的能力和特性。组织的"柔性化"是指企业对意外的变化不断做出反应,以及适时根据可预期变化的意外结果迅速进行调整的能力。

组织的柔性化实施方案,比较典型的有多极结构和二元性结构两种。

1)多极结构。在这种多极组织中,各业务单元都是相对独立的单位,它们相互之间组成"联盟",彼此相互依赖,在关键技术和难题的解决上互相帮助。各业务单元与核心机构处于一种平等的地位上。核心机构的职能是针对竞争环境的变化适时调整组织战略,发展组织和管理的基础结构,通过组织文化建设来创造凝聚力,使各业务单元互相合作,确保统一任务和目标的完成。苹果电脑公司下属的各业务单元无论是否在大小、规模形式上相同,但都与总部的地位平等,是一种典型的多极组织。

2)二元性结构。二元性组织是指能够将稳定性与柔性相结合的组织系统。二元性组织可大致分为两大部分。一部分相当于一般标准结构中的基础性组织单元,它为整个组织各个业务单元之间的联系提供了一种机制,并且使雇员有很强的稳定感。这种基本结构具有较大的刚性,不可能因内部或外部的原因而经常变化。二元性组织的另一组成部分是由公司成立的项目组和多功能群体所组成的,其成员来自各个不同的操作单位。这样,在集中处理关键的任务时,公司的各个部门不致发生混乱,使公司具有柔性化的特征。

(2)组织扁平化。等级森严的层级组织体系中,信息的处理和传递要经过若干环节,致使整个组织对外部环境变化反应迟钝,在激烈的市场竞争中处于不利地位。20世纪80年代以来,美国不少企业开始对这种传统模式进行大胆的改革,减少管理层次,扩大管理幅度,组织结构呈现出扁平化趋势。联邦运通公司从公司董事长到最低一级职员之间总共只有五个管理层次。Sun公司的管理层结构只有三个层次:总裁—副总裁兼事业部部长—工程师。

组织结构扁平化的两个前提条件是信息技术的应用和组织员工独立工作能力的提高。首先,以现代计算技术为基础的网络技术使得整个组织内部的各个部门、各个岗位可以由一个系统的信息网络紧密联系起来,使得企业的每一个普通员工都能通过网络系统获得企业内与自己业务有关的任何信息,这就为减少中间层级提供了可能。其次,组织扁平化意味着管理者要向员工全面授权,要组建各种工作团队,使得员工承担更大的责任。摩托罗拉公司的总裁罗伯特·高尔文甚至说,普通员工在与顾客接触时,享有与总裁同样的权力。

(3)组织网络化。这里所说的网络化是指组织内部的网络制运作。层级制组织形式的基本单元是在一定指挥链条上的层级,而网络制组织形式的基本单元是独立的经营单位。网络化组织通过使各组织单元之间的连接度最大化,而为知识共享提供最佳的组织结构支持。例如,AT&T公司通过企业重组,把企业改组为由20个独立的经营单元组成的网络制组织,在公司的历史上,首次让每个基层组织的领导全面负责定价、营销、产品开发和营利等工作。这就是典型的组织网络化的运作。

企业组织结构的网络化,具有两个基本特点。第一,用特殊的市场机制代替行政机制来联结各个经营单位之间及其与公司总部之间的关系,这种特殊的市场机制中,所谓"交易各方"之间的关系是一种以资本投放为基础的包含产权转移、人员流动和较为稳定的商品买卖关系在内的全方位的市场关系。第二,在组织结构网络化的基础上形成了强大的虚拟功能。处于网络制组织结构中的每一个独立的经营实体都能以各种方式借用外部的资源,如购买、兼并、联合、委托和向外发包等,对外部的资源优势进行重新组合,创造出巨大的竞争优势。

2. 适应知识管理的组织结构

Liebowitz 和 Beckman(1998)认为,知识型组织的结构主要包括:① 自我领导与管理的结构。指知识型组织不应是机械式的官僚型组织,而应由自主、充分地分享及创造整体形态的自主团队所主导,员工由于得到充分的授权并掌握丰富的知识,可以很好地进行自我管理。② 高度灵活性与适应能力的结构。高度灵活性与适应能力的结构,是指知识型组织必须能因外部环境的变化,比对手更快速地调整经营模式和战略以适应本身的竞争环境。这就必须依赖具有灵活性的网络型团队结构和快速吸收新知识的能力。③ 信息技术充分支持的创新。指知识型组织必须善用信息技术支持组织的创新。例如,善用知识创造、存储、分享及转移各种信息技术协助达成团队的知识分享和能力资源。④ 主动积极与未来观。知识型组织必须具有主动、积极的创业家精神,并且是一个新典范的创造者、新产品流程的创造者,以及具备领导产业的信念与能力,而不只是消极的跟随者。

Merali 利用麦肯锡顾问公司的"7S"架构给出了知识型组织的特性(Merali,2001),见表 6-1。

第6章 知识管理行为支持系统

表6-1 Merali的知识型组织特性

组织特性	知识型组织
战略	知识优势是战略规划的重点
结构	网络型组织、自主团队、鼓励团队合作
风格	协调式、互动式、积极主动、互相信任、充分授权
系统	整合式,充分利用内外部信息,正式与非正式网络支持员工互动
人员	专业具有弹性、充分授权、公开互动的团队精神
技能	灵活性、专业技能、重视创意及创新组合各种产品、产生强大的杠杆作用
价值观	分享、合作、互信

Nonaka(1992)提出了超文本组织(Hyper－TextOrganization)概念,具体结构如图6-2所示。

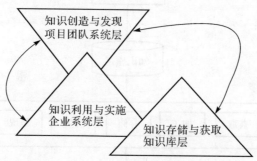

图6-2 Nonaka的超文本组织结构图

在图6-2中,企业系统层次指的是传统机械式结构,项目团队系统层次指的是为某一项目而集结不同部门组成的项目团队组织,知识库层次指的是组织内部所储存的各种隐性知识与外显知识的知识库。

除了超文本组织结构外,在知识型企业内部还可以设立专业技能中心、知识转移部门、知识管理机构、战略层次中央压力团体等知识管理组织单位。

6.2.3 员工知识管理行为的技术支持

1. 知识管理系统的过程模型和功能模型

从知识的生命周期看,知识管理的核心过程包括知识生产、分享、应用、创新以及更新。企业员工围绕着这些核心过程的活动,除了能力和动机外,需要从技术角度对知识管理的实现提供支持——这就是知识管理系统的功能。

知识管理系统是集成各种知识管理技术以实现知识管理过程和知识管理功能的复杂的技术系统。简而言之,知识管理系统就是要从技术上提供对知识生产、分享、应用、创新以及更新过程的系统支持。主要表现为以下几点:① 具有支持内部和外部信息、知识资源获取的通道;② 具有存储知识的知识库;③ 具有支持获取、提炼、存储、分发以及呈现知识的工具;④ 具有支持知识工作者进行知识分享、应用以及创新的工具。

从以上几点出发,根据现代软件技术的三层设计架构,可以建立知识管理系统的过程模型,如图6-3所示。该模型包括三个层次:知识应用层、知识生产层以及知识资源层。

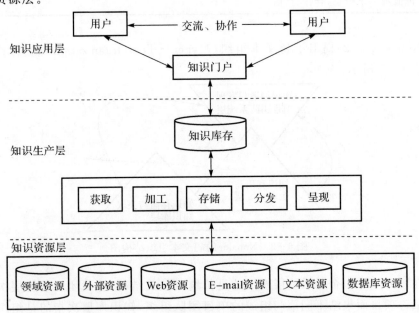

图6-3 知识管理系统的过程模型

知识应用层主要是通过知识工作者间的交流、协作实现知识分享、应用以及创新。在该层次,知识门户提供了知识工作者操作知识的界面,每个知识工作者都可以根据其工作对信息和知识的具体需求对其门户进行个性化定制。

知识生产层则主要从"对象"和"过程"两个角度描述了知识生产的过程,"对象"就表现为知识库存,它是"过程"的产品;而"过程"则具体包括知识的获取、加工、存储、分发、呈现等知识生产过程。

知识资源层表示了知识的来源,它包括内部知识资源和外部知识资源。在资源种类上又包括 Web 资源、E—mail 资源、文本资源、数据库资源、多媒体资源以及交易数据和业务信息(称为领域资源)等。

对应于这种知识管理系统的过程模型,可以建立知识管理系统的功能模型。同样,知识管理系统功能模型也分为 3 个层次,即知识应用层、知识生产层以及知识资源层。

2. 知识管理技术内容

知识管理功能模型中的各种功能及服务最终还得依靠知识管理技术来实现。知识管理技术指能够协助人们生产、分享、应用以及创新知识的基于计算机的现代信息技术(夏敬华,2003)。

计算机网络技术尤其是 Web 技术是知识管理技术的基础,知识库技术以一种先进方式组织公司的知识资源,并能为员工提供个性化的检索服务,群件技术对知识的生产与交流提供了重要的手段,其实质是网络技术与数据库技术的结合。网络技术、知识库技术和群件技术相结合,能大大提高知识管理技术基础设施的性能,这是知识管理技术的一个主要趋势。

知识管理技术并不是一项技术,而是一个技术体系,它又是多种信息技术的集成,这些技术结合起来形成知识管理系统,能像一个完整的系统那样提供相应的知识管理服务,满足每一个员工的知识需求。目前已有很多处理显性知识的技术可供选择,但能有效管理与处理隐含知识的技术尚不多见,这是目前公司在知识管理技术方面面临的最大挑战(见表 6-2)。

表 6-2 从知识获取及使用过程来界定所需应用的技术

知识获取	便于知识获取的方式有智能的搜索引擎、公告牌、知识地图等;数据预处理、知识提取、知识评估及过程优化的信息技术;数据仓库,信息仓库,数据挖掘,Intranet
知识共享	知识编码;智能的搜索引擎、公告牌、知识地图、K—log 等社会性软件,消息传递、工作流、文档管理;交互式聊天、智能代理、电子社区、智能路由
知识创新	自由选择实际工作环境(包括个人专用办公场地、团队工作室、卫星工作站和通信手段等)和技术手段(硬件和软件选择)
知识利用	门户,知识地图,专家定位,搜索引擎,分析代理,群件,商业智能,背景分析,智能代理,Extranet
知识更新	知识库过滤系统,知识库管理维护技术;数据分析、挖掘和关联技术等知识更新软件将大大提高知识更新和替换工作的效率

(1) 知识获取。知识的产生即是一个对大量数据进行分析挖掘的过程,包括数据预处理、知识提取、知识评估及过程优化。由于现实中的数据往往是不完整的、含噪声的和不一致的,因此首先要进行数据的预处理,即通过数据清理、数据集成、数据变换和数据归约来改进数据的质量,以提高知识产生的精度和性能。

(2) 知识共享。如果仅有知识生成工具,那么它的作用将是微乎其微的。知识在产生出来后,只有通过共享和交流才能发挥其巨大的价值。知识编码是通过标准的形式表现知识,使知识能够方便地被共享和交流。针对不同发现技术所产生的知识,其表现形式往往也不尽相同,知识表达主要应考虑所表示的知识的准确性、直观性和自解释性,要能根据问题的性质和不同的用户,以易于用户理解的方式进行知识的确切描述与表达,而这种表述又是可解释的。知识传播主要应考虑用户获取知识的易得性和有效性,便于知识传播的方式有智能的搜索引擎、公告牌、知识地图等。

(3) 知识创新。知识管理活动的重要活动是知识创新。自由选择实际工作环境(包括个人专用办公场地、团队工作室、卫星工作站和通信手段等)和技术手段(硬件和软件选择)是知识创新的需要,可在创新过程中实现知识的完善。

(4) 知识应用。知识的应用不仅仅是对过去获得知识的静态利用,组织和个人所面对的是不断快速变化的竞争环境,基于以往的知识逐渐难以预测未来,有时反而会成为一种障碍。有效的知识利用应包括方便的、个性化的知识存取,便捷的知识沟通平台,鼓励知识贡献和共享的机制。

(5) 知识更新。知识库本身具有生命周期,建立后将会随时间而成长,达到某个程度后,则会因为知识库的存量过多和内容过时而不适用。因此,为了随时保持知识的质量,知识库必须随时更新,其主要包括:① 知识的内容与结构要随环境改变而改变;② 要由专人负责知识库的管理和维护。维护的工作主要包括:删除过时的知识;将不常用但仍有使用价值的知识传送到第二线的存储设备;定期检查知识的重复性、不一致性及时效性等问题;按照新环境的需求,重新对知识进行分类与整理;③ 依据知识特性的不同,设计不同的更新与查看操作。

3. 知识管理的技术体系

知识管理技术的基础结构如图 6-4 所示。图中的箭头表示系统必须支持的商业过程,圆圈表示促进这些活动的技术成分组成。框架中的一些关键技术如下:

(1) 协作平台。协作平台指支持知识工作者执行任务及协同工作的技术平台,包括网络、软件和硬件。这些平台通常可以借助因特网保证跨距离的人进行合作。协作平台在知识工作者中担当十分重要的角色,像群件系统、工作流管理系统、讨论区、共享工作空间、交流室、视频会议等技术都属于协作系统的范围。

(2)内容管理。各类文档和 Web 网页是显性知识的容器,其中蕴涵了大量的组织特有的知识财产。实时地、不受地域和组织形式的限制获得基于文档内容的知识,正是知识管理的一个主要目标。

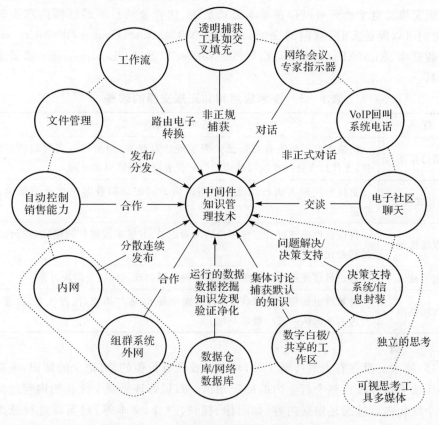

图 6-4　知识管理技术的基础结构

(3)非正规的知识网络。一些非正规的技术方案支持协作者之间的知识共享,表 6-3 列举了这些技术方案可以改善的活动。协作式知识平台除了发布信息这一基本功能外,还可以在遇到知识系统不能解答的难题时向专家求教。多媒体在知识管理系统中的价值在于它能清楚地表达用大量文字性表述无法表达清楚的事情。

(4)网络会议、电子社区。非正规的交流中包含了大量知识,这些知识可通过非正规的讨论和会谈得到广泛的共享和应用。网络会议可将身处各地的与会者集合到虚拟会场中,就像在同一间会议室那样处理事务、共享信息;电子社区是指包括论坛、讨论组、聊天室、博客、微信等形式在内的网上交流空间或移动互联网交流空间。同一主题的电子社区集中了具有共同兴趣的访问者，可以共享观点和经验，从中受益的电子社区成员还可以留下反馈信息并发表评论，鼓励进行广泛的信息和知识交换。电子社区可以存在于本公司员工、伙伴公司员工的任何内部组织之中，它们可以促进实时、双向的交流，微软的 NetMeeting，Caucus，Web Crossing，讨论数据库、REMAP，Optimus、微软 Messenger 以及 AOL Messenger 都属于此类工具。

表 6-3 技术应用和非正规交流的改善

技术	改善的活动
网络协作工具	网络查询可与语音呼叫最大限度地结合起来；网页可以实时地传给客户；无代理支持的呼叫可传递给公司代表以获得实时的处理
交互式聊天	直接与代理人进行交流。利用网络访问记录捕获客户交流记录中的信息
智能代理	智能软件代理可以监督客户的访问记录，并根据数据访问模式进行代理的初始化设置
电子社区	客户可以查询讨论记录以获得以前已经出现的问题的解决方案
智能路由	计算机电话集成技术（CTI）根据客户要求、客户历史、代理技术、表述能力为到来的队列进行智能寻址

(5)搜索。没有有力的搜索工具，将无法找到有价值的、可记录的知识，或是指示器无法追踪分布在整个行业内的确定知识。知识管理需要个性化的内容过滤工具。个性化内容过滤是根据内容（如图像、视频、声音、文本等）对条目进行分类的过程。利用统计性知识算法可确定相关的内容类型，自动提炼和获取内容，并自动更新客户特征库。这些工具可以主动从简单的注册、添加书签、浏览器的模式中收集客户的喜好。Marimba，Netscape，BackWeb，Pointcast 都能够提供个性化的内容过滤工具。

(6)系统集成。面向知识管理的系统集成的目标是：① 数据和信息的整合。中间件是任何以网络为中心的系统的黏合剂。使用中间件进行集成具有信息利用率高、自适应性、自动跟踪、有助于从混乱的信息流中生成模式和结构等优点。② 沟通渠道的集成。在传统的商务和电子商务中，一些沟通渠道将公司与其客户、合作伙伴联系了起来。以客户关系管理中的知识管理为例，网络浏览器（HTML、ASP 等）、语音（电话、呼叫中心、交互式语音响应系统和 VoIP 界面）、无线手机设备(如基于 WAP 协议的移动电话)、便携式计算平台、直接联系地点(商店和邮件)和网络电视接口被称为客户接入点。根据已知的客户知识,系统必须帮助商家确定在任何时间的特定条件下都能与客户联系的最适合的渠道。③ 企业知识门户。企业知识门户提供一个个性化的基于 Web 的用户界面,它是将从外联网和内联网不同来源的信息都综合在一个屏幕上,为知识工作者提供一个获取相关信息的单一入口。

6.3 多雇佣模式下的知识共享支持

对于知识竞争环境下的组织来说,作为一个系统,对多雇佣模式下的知识群体进行协同管理是最有杠杆效应的(Lepak,2002)。第 5 章针对知识管理行为中的关键行为,分析了不同雇佣模式下的知识员工知识共享行为的影响因素和激励策略。同其他知识管理行为一样,企业不仅要对有知识管理行为能力的知识员工进行充分激励,而且要为知识员工发挥自身能力创造有利的环境条件。本节从基于社会资本的知识共享分析入手,重点探讨提高知识分享机会的三种途径:基于团队的组织设计、电子沟通系统和信任互惠的文化。

6.3.1 基于社会资本的知识共享分析

1. 社会资本的概念、维度和促进知识共享方面的重要作用

社会资本的概念是法国学者布尔迪厄(Pierre Bourdien)于 20 世纪 70 年代提出来的,现在,比较有代表性的社会资本概念指的是个人通过社会联系摄取稀缺资源并由此获益的能力。第一种社会联系是个人作为社会团体或组织的成员与这些团体和组织所建立起来的稳定的联系,个人可以通过这种稳定的联系从社会团体和组织摄取稀缺资源。陈健民和丘海雄(1999)通过对民间社团的研究发现:社团成员可以凭借其成员身份获得更多的社会资本,从而获取更多的资源;第二种社会联系是人们熟知的人际社会网络。

社会资本集中体现在通过共识和相互认可而形成的网络上。网络上的成员相对于其他人有获得更多信息和机会的能力,因而社会资本对实现知识共享有十分重要的意义。

社会资本领域最有影响的研究者之一 Putnam,提出从三个维度来衡量社会资本(1993),主要包括以下几方面。

(1)垂直的与水平的:水平的是指一个层次体系所包含的存在于地位大致平等的成员之间的关系,而垂直的是指存在于不同地位层次的成员之间的关系。

(2)牢固的和虚弱的纽带:牢固的纽带能促进成员之间的团结一致,但并不一定总是十分有效;弱纽带在提升网络的开放性与异质性方面有独特的作用。

(3)桥接与绑定:桥接纽带将不同质的成员结合起来,而绑定纽带的成员一般是大致同质的成员。

社会资本在帮助员工共享知识方面的重要作用主要表现在下述几方面。

(1)从社会资本的第一个维度来分析,组织构建水平的或垂直的关系对知识共享具有重要作用。一定的组织结构为知识在员工之间的流动提供了平台,也是建立正式纽带的一个主要方法。跨部门团队受到欢迎的一个重要原因是它为扩张知识共享的渠道提供了一种有效率的结构,而这在职能结构下是相对受限的。全新的产品创新对知识共享的需要上升,因此跨部门团队结构将会是更有效率的,这也为实际情况所证明。通过组织结构所确立的渠道来共享知识是十分有效的,因此在推动知识共享中必须考虑组织结构的因素。

(2)从社会资本的第二个维度来分析,网络纽带作用对知识共享同样有特殊的作用。除了组织结构外,社会网络也起源于非正式的关系。员工个人之间的关系,诸如尊敬和友谊等关系都会影响他们的共享行为。正是通过这些持续的个人关系,人们实现诸如社交性、赞美和声望等社会动机。两个人可能在相似的网络结构中占领相等的位置,但是如果他们对其他的网络成员的个人的或感情的依附程度不一致,他们的行动也有可能不一致。举例来说,一个员工可能因为其对同伴的依附感而共享自己的知识,即便这些知识可能不会为他自己带来好处。但另外一个员工可能会由于缺乏此类关系纽带而保守自己的知识。信息技术的运用减少了沟通障碍,因而使关系的形成更有可能。

但是社会资本不只是关系与纽带,信任是重要的一方面。纽带减少了搜寻的成本,而信任减少了鉴别与验证的成本,因而会提高效率。社会资本由于高度的信任而减少机会主义的可能性,因而减少昂贵的监视费用,从而降低交易成本,这对于竞争对手而言是难以仿效的。正是在这个意义上,信息技术系统是有其局限性的,面对面沟通仍然是必要的,因为它能有助于员工之间建立信任。

(3)从社会资本的第三个维度来分析,桥接与绑定意味着共享需要一个基础。实现知识共享需要共享的双方有共同的语言、共同的解释方式、共同的意义系统。有相似知识的员工相对于知识相异的员工更有可能也更容易共享知识。因此,在员工之间构建共同的语言对于知识共享是十分必要的,而这可以通过企业员工的知识结构的多样性和重叠来实现。

2. 基于社会资本的知识共享网络分析法

运用社会资本来促进知识共享首先要求企业明确其现有的知识共享网络,摸清员工之间共享行为的现状。本研究在此提供一种手段——知识共享网络分析法(Knowledge Sharing Network Analysis,简记 KSNA)来实现这一目标,其步骤如下:

(1)定义 KSNA 的范围:知识、包括的员工、时间期间及其他因素。

(2)映射知识共享流程:知识提供者、知识接受者和知识流。

(3)得出知识流频率矩阵:行代表知识接受者,列代表知识提供者,矩阵的值是根据一定的标准而确定的某频率的对应值。

(4)据此展开分析并形成相应的结论。

举例来说,一个企业想要知道知识在员工之中的共享行为。所有的员工(以 7 人为例)被纳入调查范围,要求每一位员工填写调查表,要求其填出在最近 6 个月中的共享行为,包括共享给谁知识、从谁那里得到知识以及相应的频率。

从而得到以下的 KSNA 矩阵表(见表 6-4)和知识共享网络分析结果图(见图 6-5):

表 6-4 KSNA 矩阵

提供者\接受者	1	2	3	4	5	6	7
1	—	3	2	2	2	0	0
2	2	—	0	0	0	2	1
3	0	0	—	0	0	0	0
4	0	0	1	—	2	0	0
5	0	0	0	2	—	0	0
6	0	0	0	0	0	—	3
7	0	0	0	0	0	0	—

(注意:矩阵里频率值的标准是针对企业的具体情况和分析需要而确定的。在本例中我们使用 0 代表"从未共享过",1 代表"偶尔一次或两次",2 代表"3 到 5 次",3 代表"超过 5 次")

KSNA 的原理与操作相当简单,却十分有用。它有助于映射出企业的知识共享网络,为采取相应的对策提供依据。在本例中,我们能发现存在两个知识共享岛,一个包括成员 1,3,4 和 5,另一个包括成员 2,6 和 7。

可以明显地看到 1 和 2 在两个岛之间充当桥接角色,我们也能发现他们也是各自所属的知识共享岛的核心。让我们用 a_{ij} 代表知识从成员 i 流动到成员 j,我们可以计算出此企业总体知识共享水平:$\sum_{i=1}^{7}\sum_{j=1}^{7}a_{ij}=22$。

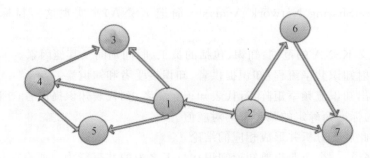

图6-5 知识共享网络分析结果图

我们也可以发现成员1是最大的知识提供者（$\max\limits_{0 \leqslant i \leqslant 7}\{\sum\limits_{j=1}^{7} a_{ij}\} = \sum\limits_{j=1}^{7} a_{1j} = 9$），（$\max\limits_{0 \leqslant j \leqslant 7}\{\sum\limits_{j=1}^{7} a_{ij}\} = \sum\limits_{j=1}^{7} a_{i7} = \sum\limits_{j=1}^{7} a_{i5} = \sum\limits_{j=1}^{7} a_{i4} = 4$），而4，5和7是最大的知识接受者。

如果1离开企业，那么整个的网络可能崩溃，企业不得不重新培植另一个网络。同时，通过KSNA也可以发现成员1面临着太多的知识需求，这有可能使其成为整个网络的瓶颈，因而必须减轻成员1的负担。对成员1给予相应的回报是值得的，这也有利于鼓励更多的知识共享行为。对于成员4，5和7，他们的知识存在可提高的空间。因此，有必要发现这些知识差距是什么，并且采取相应的手段来弥补其知识的不足（例如培训或导师制）。

KSNA对于组织结构的重新设计有重要的借鉴意义，即利用正式的关系纽带去丰富和拓展企业的知识共享网络，从而改善知识共享水平。

KSNA的重要意义还表现在它对于建立实践社团也是有帮助的。在这个例子中，两个知识共享岛是建立实践社团的理想选择。最后，通过KSNA，企业不但可以加强现在的关系网络，而且可以开发新的关系。例如在3和5之间与在3和6之间。在建立此关系的过程中，共同的语言是必需的。

基于社会资本的知识共享分析涉及知识共享的正式和非正式组织结构、信息技术和信任，KSNA分析的结果对知识共享的正式和非正式网络的构建都具有积极的借鉴意义。下面重点探讨提高多雇佣模式下知识分享机会的三种途径：基于团队的组织设计、电子沟通系统和信任互惠的文化（见图6-6）。

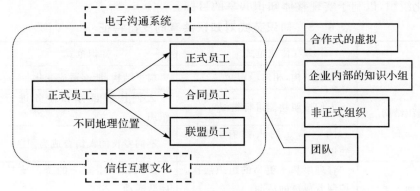

图 6-6 多雇佣模式下知识分享途径

6.3.2 知识共享的组织结构形式

1. 知识共享所需的组织范式

无论是正式员工之间,还是正式员工与合同员工之间、正式员工与联盟伙伴之间,知识共享都要求在垂直方向上减少管理层次,使组织结构尽可能扁平化,增强灵活度,激励员工的创新积极性;同时要求在横向上弱化组织部门的职能划分,并依据员工的兴趣组成或鼓励组成各种正式或非正式的小组,这些小组使知识易于在员工中自由分享;另外,进一步加强员工的交流,促进互相之间的知识流动,需要建立更加流畅、有机的新型组织结构。这种利于知识共享的组织模式被称为知识范式。与之相对的是自上而下的、等级严格的传统范式结构。表 6-5 也解释了为什么知识共享机制要采取新的范式作为组织基础(张波,2007)。

2. 以工作团队为基础的矩阵结构

所谓团队就是指一群为了某个目标而一起协同工作的个体组合而成的正式群体(罗宾斯,2006)。

按照知识共享的要求对组织结构进行调整,目的是要有利于组织成员之间的协同工作和知识互补关系的建立,减少知识共享中组织结构方面的阻力和知识本身的损耗。而项目团队的有效建立,可以提供良好的协作关系。团队形式存在本身就是组织赋予成员个体的一种相互交流的形式。它打破了职能界限,使不同技能的人员能够围绕一个共同的目标在共同的工作环境下彼此交流。团队的合作通过成员的互相依赖来促进,这种互相的依赖包括建立共识、共同目标和持续的共享行为。团队内部具有明确的学习计划以及知识的获取、整理、共享制度;鼓励成员之间的相互知识交流与持续不断的学习;团队与团队之间也建立互动计划,这样形成网络化组织,以利于实现整体知识共享的目标。

表6-5 知识范式对知识共享的支持特征

		传统范式	知识范式
组织结构		等级结构,相对稳定	扁平结构,能够适应变化
		人们按照功能进行组织	人们按照目标和任务进行组织
		同一单元的人拥有相似的知识	不同专长的人组合成为团队
管理方式		管理层基于更高的组织层次,控制着成员的活动	团队领导用充分的资源支持团队活动
		自上而下的决策	鼓励员工参与决策
员工关系		清晰的职业定义	工作性质和角色充分分开
		角色区别显著	以拥有知识表明每一个人的角色,越有知识越有地位
		员工相互为竞争关系	员工建立相互合作的关系
知识流动		按照组织结构,知识自上而下,自下而上流动	知识按照网络流动,团队内外知识是共享的
		跨越部门的流动比较难	信息用来加强团队交流与合作
		信息成为控制力的工具	以核心知识建立战略竞争力

这种以工作团队为基础的矩阵结构,一方面,由于成员来自不同的知识领域,针对团队任务,小组成员能够团结合作、集思广益,在小组内以最快的速度进行知识的共享,发挥协同优势,迅速地解决问题,快速对市场做出反应、缩短产品研制时间。另一方面,当任务结束时,各成员可能会到其他团队时,可以将在工作团队中获得的知识进行文本化,在新的团队内进行共享,扩大知识共享的范围。

团队中成员共享的知识存在显性和隐性两种类型。通过文件、电子邮件、知识库等方式来交流显性知识较为容易。更困难的在于隐性知识的交流,面对面的交流或电话沟通则是必不可少的形式。Davenport曾指出,经理们2/3的信息和知识来自于面对面的会议和交谈,只有1/3来自文件。因此,创造机会、保持成员间的密切联系是必不可少的。一般来说,团队成员之间的密切性越强,知识共享的程度越高。王连娟(2004)曾在阐述密切性的概念中分析了密切性的几个方面:空间接近性、心理接近性、需要的共同点和联系密切性。这四个方面决定了团队成员沟通交流的密切性,从而将影响知识共享的程度。因此,创造有利于知识共享的密切合作的文化氛围也可以从这几方面入手。

知识的提供者与接受者间知识结构的异质性也是影响知识共享的一大障碍。因此,团队成员的知识能力结构最好有某些共通性,同时还能互补。成员知识结构完全重叠,不利于分享更多的有创意的外来知识;成员知识结构完全不相关,则无法实现共鸣和交流,彼此难以理解对方传递的信息。因此,成员间需要有一定的知识相通互补之处,也即不完全相同,但可以交叉学习、融会贯通。

最后,对于团队工作来说,合作应该是非常重要的,而合作的前提是必须有一个统一的目标,而不是个体的目标。如果团队对成员的考核主要依据成员个体的工作业绩,那么,团队合作是不可能出现的,只有在团队实现统一目标的前提下再来考核个人的工作业绩,才能让团队成员具备合作的动力。

3. 合作式的虚拟团队

从企业组织的内部,可以看到这样一种发展趋势:即传统的雇佣关系开始发生变化,对于员工的管理必须适应新的虚拟工作环境和工作结构的变化,更好地促进员工与组织的整合。一个组织的正式员工之间、正式员工与合同员工之间、正式员工与联盟伙伴之间都有可能组成虚拟团队进行工作。另一方面,各部门因为自己的知识、技能和信息有限,在经营过程中必须与其他部门进行合作,这是一种以自身利益为驱动力的、自愿的、广泛的合作。在合作的过程中,由于各部门具有不同的业务知识,为了提高工作效率,各部门会积极、主动地相互学习,在学习的过程中实现知识的共享,这是一种更大范围、更深层次的知识共享。另一方面,各部门内部是由具有相关知识的员工组成的,他们有共同的知识基础,可以相互之间学习、交流。而每一次与其他部门的合作完成后,各部门都会对合作过程中获取和创造的知识进行总结,并被制作成文本进行分析,通过分析产生新的知识,并对这些知识进行重新归类和文本化后,为部门成员共享。由于地理距离的关系,需要采取合作式的虚拟组织结构来促进知识的交流和共享。

Zigurs(2003)把虚拟团队定义为在一些维度上分散的、个体的集合,他们通过信息技术协同合作,完成一定的任务目标。这些分散的维度包括时间维度、地域维度、文化维度等。现代信息通信技术的惊人进步,使得虚拟化人力资源管理成为可能。Internet、Intranet、Extranet、移动电话、寻呼机、电子邮件、语音邮件及视频远程会议等通信媒介都在促进虚拟组织内外部协作的过程中发挥着关键性作用。

从虚拟团队的定义中可以看出,虚拟团队与一般团队的主要区别在于,它突破了传统组织的界限,其成员通常属于不同的组织和部门。这些成员在许多方面都具有异质性(包括知识结构、文化背景等,而这也正是形成虚拟团队的一个重要原因)。他们较少地通过面对面的方式讨论交流,而是更多地通过各种电子媒介进行交流合作。另外,由于虚拟团队通常是针对某一特定的任务或目标建立的,当任务完成,该团队自动解散。所以它通常是临时性的团队。

从组织与个人层面来看,组织与员工关系的演变如图6-7所示。

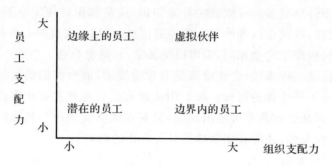

图6-7 组织与员工关系的演变

在以往的雇佣关系中,一般是组织拥有较大的支配力,比如组织往往充当选聘、绩效评估的主动方,支配力较小的员工属于组织边界内的员工;随着虚拟组织中既有组织边界的日益模糊,支配力大为增强的员工越来越多的变成了组织边缘上的员工;虚拟人员管理的目的就是协助达成组织战略目标的同时,促进员工即虚拟伙伴的自主性和相互协作的实现;个人和组织的支配力都小的是目前还在组织外的潜在员工。

随着人们雇佣形式的多样化,人力资源管理职能势必发生变革。虚拟团队在某种意义上属于一种跨组织的团队,所以在组织内部适用的控制和约束机制可能难以有效地发挥作用(刘慧敏,2007)。传统的指挥和考勤对于那些在家工作、在虚拟办公室工作或在地球另一端按合同完成任务的员工来说已经是无能为力了,"出勤考核"必须让位于注重工作效果的新型绩效评估。另外在员工评价录用、薪酬管理和培训发展等方面也要迎接多样化雇佣形式带来的挑战。

4. 建立企业内部的知识小组

对于还没有实施知识管理的企业,要推进知识共享活动,可以在现有的组织体制下,通过建立知识小组,在知识小组内鼓励知识的交流来进行试点和探索。企业可以根据需要,按照不同主题组建知识小组,如成立营销知识小组、人力资源知识小组等,各小组成员由热心于主题相关知识的人员组成,他们可以是各主题领域的具体工作人员,也可以是对此主题感兴趣的人员,所以小组成员可以是跨部门人员组成。通过在小组内对主题知识的交流、研究,实现知识的有效共享。小组成员还可以将共享的知识在自己的职能业务领域开展改革,从而促进企业提高效率和效益。

5. 发挥非正式组织的作用

此外,一些非正式组织也能对员工知识共享具有促进作用。出于共同兴趣而聚集在一起的非正式组织通常是以交谈、电子邮件、网上论坛、社团等多种方式来共享经验以解决一些问题的。一旦这些非正式组织拥有足够多的共同知识,足以有效交流与合作时,成员之间的交流活动就会创造出新的知识。当组织缺乏正式的知识管理和知识共享策略的支持时,这种非正式组织对知识共享和创新会发挥极为重要的作用;而在有明确的知识共享策略的组织中,这种和非正式组织的交流也是必不可少的。无论是物理上的,还是虚拟性的,非正式组织都是知识共享的必要方式。

6.3.3 电子沟通系统

电子沟通系统包括两项内容:电子沟通网络平台和电子沟通制度。电子沟通网络平台详见 6.2.3 节支持知识共享的现代信息技术部分。电子沟通网络平台只是为员工们提供了沟通的手段,如果没有相应的制度约束,平台则会闲置,不能产生效果。所以,必须要有一套相应的电子沟通制度作为有效沟通的保障。

1. 电子沟通制度

根据多知识群体知识共享的特点和企业实践,提出下述电子沟通制度建议。

(1)使用公司提供的统一邮件系统,制定出各种情况下的邮件规范,可减小文化差异带来的阻碍。

(2)对工作性质的电子邮件,按不同的紧急程度制定相应时效的回复时间。

(3)按工作内容要求,定期使用会议系统来创造机会或产生压力,迫使团队成员为了实现共同的目标而共同努力。

(4)鼓励员工积极使用在线交流系统,并规定最少使用次数或频率。如驻家型工作人员点对点通讯软件必须在工作开始时上线,所有员工必须每天至少一次浏览公司的主页、公告板并参与讨论区等。

(5)对于同处一个地理区域的员工,鼓励其组织面对面的聚会,并规定最少次数或频率。如同一城市的员工应每周参加一次面对面的聚会,同省员工不定期举办员工交流会或工作讨论会等,提供机会让他们相互了解个人背景和价值观,分享个人经验,从而增进相互理解。

(6)要求员工定期提交工作计划、工作总结,每日提交工作日记。

(7)要求员工定期参加在线培训,对员工进行工作方面和沟通方面的知识和技能培训,提高他们对工作的胜任力。

2. 电子沟通系统的运行评价

电子沟通系统的作用是维系并促进员工之间的信任和联盟的凝聚力,这是高效率工作团队的一个重要特征,它表现了员工团结一致、追寻团队目标并且相互吸引及被联盟所吸引的倾向。在电子沟通系统建立之后,对它的运行效果进行正确的评价,有助于分析差距及优势所在,对已有的系统做出补充和完善。

本研究利用电子沟通系统所形成的凝聚力效果表现来作为评价的指标,评价指标层次结构如图 6-8 所示。

(1)在整个联盟中,员工互相交流沟通。交流和沟通越多,员工越彼此了解,越愿意承担责任和为团队奉献自己。(N_1)

(2)目标分享的观念。如果员工越认同联盟的集体目标,共同的目标越将他们紧紧束缚在一起,联盟的凝聚力也越强。(N_2)

(3)联盟对个人的吸引。指成员有相同的价值观和态度,并且乐于在联盟中工作。(N_3)

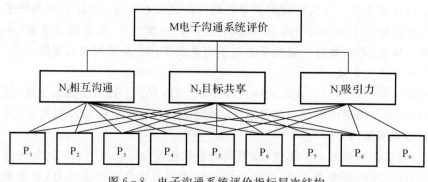

图 6-8 电子沟通系统评价指标层次结构

根据以上三个特征,可具体细化指标如下:

P_1 会议的召开是活跃和开放式的;P_2 员工能谈论冲突和不同意见,直到最后解决;P_3 员工之间相互信任和尊重,能真正表达出自己的感受;P_4 员工能够及时给出信息并得到反馈,从而使工作做得更好;P_5 员工在协作中相互负责,同时又为联盟共同负责;P_6 员工之间经常谈论和分享组织目标、个人经历和情感等;P_7 每位员工都有一条途径贡献于最终工作产品;P_8 工作会议及交流会议经常召开,并且所有相关员工都参加;P_9 员工作为联盟的一员感到满意。

具体评价时可通过建立判断矩阵来计算各因素的权重。然后通过准确判定各知识型员工在各指标上的得分情况,通过加权计算得出该方面的总得分,进而给出电子沟通系统的总的运行评价及分项评价。

6.3.4 信任互惠的文化

知识共享需要建立人际信任关系,信任就是相互相信和依赖。团队精神鼓励信任,信任鼓励知识共享,这是双向的过程。贡献和回报的不平衡将导致非信任的行为;排斥合作的竞争和"事不关己"的态度,将危害有效的知识共享。组织的成员必须能够看得见共享方具有共享知识的信誉,直接地体验互惠互利的共享成果。

信任是提高知识分享意愿的关键因素。国内外学者已经对信任和知识共享之间的关系进行了大量的研究(成跃飞,2007)。

国外研究方面,Nahapiet,Ghoshal(1998)建立了一个信任和知识交换的理论模型。Nahapiet,Ghoshal 把社会资本定义成三个维度:结构的、认知的和相关性的。每一个维度又由几个方面来表示,而这些方面通过影响知识交换的四个前置变量(接近途径、价值期望、动机、整合能力)来影响知识交换。Nahapiet,Ghoshal 把信任定义成这四个因素的结合体。Tsai and Ghoshal(1998)发展了 Nahapiet,Ghoshal 的模型,利用实证研究的方法证明了社会资本结构的、认知的和相关性的三个维度与资源交换、产品创新的维度之间的关系。证明了社会互动、社会资本的机构、信任和它们之间的相互关系与资源交换有着明显的正相关。Gruber(2000)主要研究高新技术企业的研发部门,认为开发性、信任、沟通渠道的有效性、高层领导的支持、奖励系统都对组织内的知识分享有正向作用。Daellenbach,Davenport(2004)利用案例研究来说明信任对技术联盟建立的重要性,认为在技术联盟建立过程中过程公正比分配公正更重要。Sanjib Chowdhury(2005)把人与人之间的信任分成两类:以情感为基础的信任和以认知为基础的信任,并通过实证研究的方法证明了在两个个体之间以情感为基础的信任和知识分享存在正相关作用,并且这两种形式的信任互相独立。其中以情感为基础的信任是建立在分享价值观和分享精神基础上的,而以认知为基础的信任是建立在分享职业经验的基础上的。

国内研究方面,胡安安等(2007)构建了一个新的组织内知识共享的信任模型。该模型主要在戴安福特的研究基础上引入组织制度、认知因素、情感因素、信任倾向等影响因素,构建出全新的组织内知识共享的综合信任模型。该模型不仅仅考虑到信任与知识共享的关系,同样从组织文化、组织制度、认知因素、情感因素、信任因素等几方面考虑了信任的影响因素。可惜的是,该模型尚未经过实证研究。周密等(2005)在 Rajeev,Thmothy 的机构信任模型基础上,构建了知识共享双方的信任模型,认为信任促进了知识共享意愿,而知识共享意愿促进了知识共享的效果。徐海波等(2006)通过理论归纳和逻辑推演的方法将人际信任对知识转移产生促进的途径(提高知识转移的意愿和降低知识转移的难题)和作用的方式(直接作用和间接作用)作为两个不同的维度,构建了一个逻辑框架。该框架揭示了人际信任是通过四种不同类型的作用模式来促进知识转移的。严中华等(2004)从理论上分析了信任与知识管理各方面的关系,主要是信任与知识创造、信任与知识编码、信任与知识运用、信任与知识转移之间的关系。龙勇等(2006)用结构方程模型分析的方法证明了技能型战略联盟基于信任的知识获取和合作效应的关系,证明了增强合作伙伴之间的信任,能够有效地增加企业知识获取,增大合作效应。

柯江林(2006)对组织中员工知识分享行为激励机制进行了比较分析,发现在完全信息静态环境下知识双向转移会陷入囚徒困境,对知识分享行为采用直接的显性激励机制会产生激励扭曲问题,而实行关联报酬则可以产生较好效果,在互惠信任机制下达到最佳。

共享的知识背景是团队整体协调工作的必然要求。除了要求有共通的术语体系,如前述知识联网的技术体系应提供一致的数据定义外,更重要的是形成团队成员所共享的价值观。对话式工作,是知识转换过程,其本质是知识交换,涉及知识市场。对于知识市场的良性运行而言,信任是第一位的,基本的道德还包括互惠(芮明杰,2001)。在知识交换中,互惠的表现形式是多样的,可以是将来愿意转让其所拥有的我所需要的知识,也可以是其他间接形式,如合伙制、股票期权、作为有价值的知识卖主的声誉等。在团队中,则主要体现在角色道德上,不同角色有不同的道德要求。从当代中国现实看,强调和明确这种角色道德意识对于建立共享的价值观是十分重要的。

综上,建立互信互惠的机制无论对一个组织的正式员工、合同员工还是联盟伙伴及不同群体间知识共享行为的发生是非常关键的,如何才能建立信任互惠的氛围并对其进行动态评价、不断优化是今后需要继续研究的课题。

第 7 章　结论与展望

7.1　本书的主要研究结论

知识经济是建立在知识的创新、传播和利用基础上的经济,知识在经济发展和企业竞争中的地位与作用日益重要,基于知识的竞争观念受到了广泛的重视。基于知识竞争的组织尤其需要关注人力资本的管理。促进知识管理行为,发挥知识杠杆的作用,就需要构建一个新型的人力资源管理系统,用它来增强企业获取和使用知识资源的能力。

传统的 HRM 对解决以工作为重点的管理很有效果,却很难处理知识竞争条件下以知识贡献为重点的管理。基于知识的竞争中,现有的研究对组织知识资产、知识管理发挥作用的机制、知识管理与人力资源管理实践的内在联系及整合机制缺乏深刻的理解和分析;缺乏对支撑知识管理行为的战略人力资源管理的系统研究;也缺乏对知识竞争环境下多雇佣模式员工群体的协同研究。因此,在基于知识竞争的环境中,需要系统地从知识的视角来看待人力资源并研究其管理。

本研究综合运用了知识管理、人力资源管理、战略管理及系统管理理论及思想,明确了知识竞争需要的行为模式,构建了知识竞争环境下人力资源的集成研究框架,从 HR 系统的三个关键维度出发,以构建能够提升组织获取和利用知识的能力的 HRM 系统为目标,对支持知识管理行为的能力获取、激励和实现机制进行了理论研究,提出了相应的管理对策建议。从行为的视角研究知识管理和战略人力资源管理,以获取持续的知识竞争优势,是一个新兴的方向,有关该问题的研究不仅具有重要的理论意义,也对身处知识竞争中的企业具有很强的实践指导意义。

本书的主要研究工作和结论可以概括为下述几点。

(1)在开发支持基于知识竞争的人力资源系统时,明确所需求的员工的行为是首要任务。对企业知识及基于知识的竞争的性质和特征的分析,成为企业知识竞争优势研究的逻辑起点;在对企业知识优势形成的过程和机理进行系统分析的基础上,借鉴 Schuler 的竞争战略所需雇员行为、Campbell 等开发的八因素绩效模型和 Pulakos 等开发的适应性绩效模型,提出基于知识竞争的绩效分类模型,导出为获取知识竞争优势而需要的一般知识管理行为——知识获取、知识共享、知识应用、知识创新和知识更新行为。通过半结构性访谈等方法对这些行为指标进行了验证,结果表明,管理者们为获得持续的知识竞争优势所希望员工表现出的行为与本书提出的五大类一般知识管理行为的内涵基本吻合。

(2)从知识视角出发,对人力资源管理的演变及研究历程进行了回顾,探讨了HRM领域知识管理的变迁和知识竞争中HR优势的获取机理,构建了基于完整知识价值链的HRM整体研究框架,揭示了通过人力资源结构体系发挥知识的杠杆作用的机理。在基于知识的竞争中,企业越来越依赖不同类型的人力资源提供他们所需要的知识和技术,因此研究如何管理整个系统比仅研究一个雇员群体更有效。本研究引入Lepak和Snell的人力资源结构体系法,把一个企业看作是拥有不同知识类型的人力资源的组合;同时,将知识的三种观点整合至知识的价值链,并考虑知识的生命周期,结合基于知识的竞争所需行为的推演结论,从知识内容、知识活动以及知识价值三方面提出基于知识生命周期的完整知识价值链。在这两者的基础上提出基于完整知识价值链的多雇佣模式HRM系统整体框架,为解决基于知识竞争的HRM问题提供了清晰的逻辑思路。在此基础上,重点分析了知识视角下的HR多雇佣模式及其策略选择,从个人、群体和组织三个不同层次分析了基于知识竞争的人力资本的管理,根据基于知识的雇佣、基于工作的雇佣、合同员工和战略联盟四种雇佣模式,探讨了平衡多种雇用模式的使用以优化知识的获取和使用的策略,从关注个体员工转移到对各种员工群体贡献的合作和集成上来,以优化不同知识型员工群体的HR实践组合。最后,就HR实践与知识管理行为管理进行了分析,给出组成最佳人力资源实践的核心维度,指导本书后续章节的研究。

(3)阐明了支持知识管理行为的能力和基于知识视角的能力内涵,明确了行为、能力与人力资源实践的关系,探讨了隐性能力管理和知识管理能力的动态性质所带来的特殊挑战,从获取一般知识管理行为的能力角度出发,以组织中个体能力获取和组织能力库存为研究对象,运用人力资本理论、交易成本经济学理论揭示了基于知识视角的促进多雇佣模式下知识管理行为的能力获取机制,给出基于整合观的知识管理动态能力的获取模型,分别从知识获取来源、知识向能力的转换机制、组织能力监测、通过留人留住知识等方面进行理论研究,得出促进能力不断进化的HR系统整合模型。

开发了基于IAM模型的员工能力监测工具,通过关注那些指示企业变革以及知识流动的指标,关注员工能力的成长、更新速度、使用效率以及退出风险,解决了对多雇佣模式下专业人员能力进行状态监测的问题。该问题的解决使我们能够清楚地了解和把握员工能力的发展过程,并进而采取相应措施来保证一个能快速适应组织知识竞争需要的能力的人力资源系统。

结合文献研究与西安一些高科技企业人力资源工作者交流的结果,总结出雇员(尤其是专业人员)的主要保持策略:①提高转换成本;②把好招聘甄选关;③建立绩效和回报紧密挂钩的绩效评估体系;④建立并完善多向的职业发展阶梯;⑤提升主管的管理技能。

(4)运用个体行为的动机分析、激励理论及本我-自我-超我行为动力结构理论和方法,分析了影响知识管理工作动机的4个主要因素:①组织的知识管理文化;②组织知识管理的工作设计;③组织内部关于知识管理的相关制度;④组织成长/发展制度。在知识员工激励框架模型的基础上,给出了知识管理行为激励体系总体框架,对知识管理行为激励进行了全面提炼和总结。

针对知识管理中的关键行为——知识共享行为面临的组织难题,分析了多雇佣模式下的知识共享行为的影响因素和激励策略:①对组织正式员工、合同员工、联盟员工知识共享行为进行了分析,探讨了不同来源知识群体知识分享的影响因素。②给出知识员工雇佣关系的差异化管理策略。③提出了多雇佣模式下知识群体的协同激励策略,从关注个体员工转移到对各种员工群体贡献的合作和集成上来,力图形成一种全局视野下有效指导基于知识竞争行为的清晰的逻辑思路。

(5)分别从文化建设、组织结构建构和技术支持三大模块阐述了知识管理支持系统的内容。探讨了组织文化对交流环境的影响,面向知识管理的组织结构的特点、适应知识管理的组织结构,知识管理系统的过程和功能模型、知识管理技术内容和技术体系。

从Putnam衡量社会资本的三个维度入手,分析了社会资本促进员工共享知识的机理,引入基于社会资本的知识分享网络分析法(KSNA)以明确企业现有的知识共享网络,摸清员工之间共享行为的现状。KSNA知识共享分析涉及知识共享的正式和非正式组织结构、信息技术和信任,其分析结果对知识共享的正式和非正式网络的构建具有积极的借鉴意义。在此基础上,重点探讨了提高多雇佣模式下知识分享机会的三种途径:基于团队的组织设计、电子沟通系统和信任互惠的文化。阐明了四种促进知识共享的组织设计;给出一套作为有效沟通保障的电子沟通系统,提出由相互沟通、目标共享、吸引力三方面因素构成的电子沟通系统评价指标;通过文献研究,得出信任互惠的文化为知识共享行为提供环境支持的结论。

7.2 研究展望

(1) 本研究讨论的重点是知识密集型战略所需的一般性知识管理行为，实际上，知识竞争需要两类行为，除了一般性知识管理行为，还需要特殊的知识管理行为：企业特殊知识管理行为或反映特定行业或市场的特殊知识管理行为。对特定于某一企业、行业或市场的特殊知识管理行为的管理是今后的研究需要密切关注的。

(2) 本研究只探讨到行为的结果，未来可以从行为后的满意度、行为的评价、行为的修正等方面继续进行研究。

(3) 尚待通过进一步的实证研究去全面分析多雇佣模式下知识管理行为的影响因素，并对与之匹配的 HR 方案的有效性进行定性、定量研究。

(4) 在多雇佣模式下，同一企业内由于同时存在的传统和非传统雇佣方式，员工的工作条件、工作内容、工作报酬以及待遇、培训、职业发展等方面都存在很大的差异，由公平理论可知，员工所感知的不公平、不平等对工作绩效、公司绩效、人力资源管理具有很大的危害；因此，如何整合传统和非传统雇佣，解决在同一企业内和谐处理这两种特征不同的雇佣关系问题，最大化发扬两者各自的优势，最小化两者相互碰撞带来的不良效果，使整合后的人力资源管理更好地为企业服务，是在多元雇佣的框架下寻求解决的根本问题。

(5) 目前多元化雇佣效果研究结论不统一，缺乏对多元化雇佣效果内在作用机理的研究，由于多元化雇佣效果及作用机理研究结论的局限，管理对策的研究仍处于零星、局部的状态，企业管理需要系统、全面的对策建议；目前我国对该领域的研究多为描述性和论述性研究，对企业采用多元雇佣的动因、效果等相关方面的研究仍比较粗浅，需要从多学科交叉理论视角并基于实证调研与数据分析、深入系统地进行理论性和机理性研究。

(6) 从知识员工个体角度看，暂时雇佣方式可以满足更具个性化的知识员工不同的生活和工作方式需求；另外，组织大量采用的暂时雇佣方式也迫使组织内的知识员工的观念发生变化，从"组织忠诚"转向"职业忠诚"，知识员工可以不再像传统的雇佣关系一样依赖组织才能生存。从组织角度而言，灵活雇佣知识型员工可以给企业带来许多竞争优势，如可以使企业获取自身缺乏的人才和技术，同时保持较强的人力资源配置柔性，在人员过剩时以较低的经济成本就可以摆脱臃余人员。但是在管理实践中，如何对多元化雇佣的企业知识型员工的工作效果进行有效管理，已经成为摆在许多企业面前的一项急需研究的课题。

附　　录

心理契约与知识共享关系问卷调查

【说明】非常感谢您花宝贵的时间填写这份问卷！为深入了解影响知识共享的人力资源因素,特进行本次调查。请根据您本人及所在企业的实际情况填写问卷。本调查问卷仅用于学术研究,不用于任何商业用途,敬请放心。再次感谢您的合作！

个人基本信息(请根据实际情况在相应的选项上画√)

您的性别:①男　②女

您的年龄:①23岁以下;②23~30岁;③31~40岁;④40岁以上

您的最高学历:①大专及以下;②学士;③硕士研究生;④博士研究生

您参加工作的时间:①1年以下;②1~3年;③3~5年;④5年以上

您所在单位的性质:①民营企业;②国有企业;③事业单位;④合资或外商独资企业;⑤股份制企业

您在单位属于:①正式员工;②合同员工;③联盟伙伴

您所在单位的主要产品或业务:_____

一、心理契约方面(见下表)

您认为在多大程度上是公司应该履行的义务?(每题有5个选项:1. 很不重要 2. 较不重要 3. 一般 4. 较重要 5. 很重要。请在相应数字等级上画√)	请您判断,这项义务对您的重要程度?(每题有5个选项:1. 很不重要 2. 较不重要 3. 一般 4. 较重要 5. 很重要。请在相应数字等级上画√)	请您判断这项义务公司实际履行的程度?(每题有5个选项:1. 很不满意 2. 较不满意 3. 一般 4. 较满意 5. 很满意。请在相应数字等级上画√)
1.根据员工自身价值和当前贡献付给报酬　　　1 2 3 4 5	1.根据员工自身价值和当前贡献付给报酬　　　1 2 3 4 5	1.根据员工自身价值和当前贡献付给报酬　　　1 2 3 4 5

续 表

2. 根据员工当前业绩付给报酬　　　1 2 3 4 5	2. 根据员工当前业绩付给报酬　　　1 2 3 4 5	2. 根据员工当前业绩付给报酬　　　1 2 3 4 5
3. 根据员工个人业绩加薪调资　　　1 2 3 4 5	3. 根据员工个人业绩加薪调资　　　1 2 3 4 5	3. 根据员工个人业绩加薪调资　　　1 2 3 4 5
4. 帮助员工提升在未来就业市场上的竞争力　1 2 3 4 5	4. 帮助员工提升在未来就业市场上的竞争力　1 2 3 4 5	4. 帮助员工提升在未来就业市场上的竞争力　1 2 3 4 5
5. 给员工在公司内平等晋升的机　　　1 2 3 4 5	5. 给员工在公司内晋升的机会　　　1 2 3 4 5	5. 给员工在公司内晋升的机会　　　1 2 3 4 5
6. 为有创意的员工提供实现创意的机会与条件　1 2 3 4 5	6. 为有创意的员工提供实现创意的机会与条件　1 2 3 4 5	6. 为有创意的员工提供实现创意的机会与条件　1 2 3 4 5
7. 培训员工的技能以增加员工在公司的价值　1 2 3 4 5	7. 培训员工的技能以增加员工在公司的价值　1 2 3 4 5	7. 培训员工的技能以增加员工在公司的价值　1 2 3 4 5
8. 工作能够给员工个人带来较高的成就感　1 2 3 4 5	8. 工作能够给员工个人带来较高的成就感　1 2 3 4 5	8. 工作能够给员工个人带来较高的成就感　1 2 3 4 5
9. 工作稳定而有保障　1 2 3 4 5	9. 工作稳定而有保障　1 2 3 4 5	9. 工作稳定而有保障　1 2 3 4 5
10. 适度的工作挑战　1 2 3 4 5	10. 适度的工作挑战　1 2 3 4 5	10. 适度的工作挑战　1 2 3 4 5
11. 公司考核和薪酬具有科学的标准,程序公正　1 2 3 4 5	11. 公司考核和薪酬具有科学的标准,程序公正　1 2 3 4 5	11. 公司考核和薪酬具有科学的标准,程序公正　1 2 3 4 5
12. 了解自身工作对组织目标的重要性　1 2 3 4 5	12. 了解自身工作对组织目标的重要性　1 2 3 4 5	12. 了解自身工作对组织目标的重要性　1 2 3 4 5
13. 能够充分施展个人才能的工作环境和公平机会　1 2 3 4 5	13. 能够充分施展个人才能的工作环境　1 2 3 4 5	13. 能够充分施展个人才能的工作环境　1 2 3 4 5
14. 遵守契约,提供一样的激励机制　　　1 2 3 4 5	14. 遵守契约,提供一样的激励机制　　　1 2 3 4 5	14. 遵守契约,提供一样的激励机制　　　1 2 3 4 5

续表

15.注重契约,注重利益相互依赖,注重合作和诚信　1 2 3 4 5	15.注重契约,注重利益相互依赖,注重合作和诚信　1 2 3 4 5	15.注重契约,注重利益相互依赖,注重合作和诚信　1 2 3 4 5

说明:1.所有量表都采用李克特5点标尺来度量,从1到5表示的程度逐渐增加。

　　　2.度量知识员工心理契约现实状况指数可以用以下公式来表示:

心理契约状况指数＝(义务实际履行程度－义务应该被履行程度)×义务对员工的重要程度

二、员工公平信任感知方面(每题有5个选项:1.非常不同意 2．不同意 3.普通 4．同意 5．非常同意。请在相应数字等级上画√)

1. 感觉组织激励的措施是公平的。　　　　　　　　　　　　1 2 3 4 5
2. 感觉组织管理的程序是公正的。　　　　　　　　　　　　1 2 3 4 5
3. 不同雇佣来源的员工贡献和回报是平衡的。　　　　　　　1 2 3 4 5
4. 不同雇佣来源的员工相互相信和依赖。　　　　　　　　　1 2 3 4 5
5. 员工欢迎合作的竞争。　　　　　　　　　　　　　　　　1 2 3 4 5
6. 员工绝无"事不关己"的态度。　　　　　　　　　　　　1 2 3 4 5

三、针对组织的公民行为方面(每题有5个选项:1.非常符合 2.较符合 3.不确定 4.有点符合 5.基本不符合。请在相应数字等级上画√)

1. 在没有监督的情况下,仍能认真负责地工作。　　　　　　1 2 3 4 5
2. 主动承担本岗位工作职责以外的任务和责任。　　　　　　1 2 3 4 5
3. 主动提出对企业发展有利的合理化建议。　　　　　　　　1 2 3 4 5
4. 维护公司的公众形象。　　　　　　　　　　　　　　　　1 2 3 4 5

四、针对个人的公民行为方面(每题有5个选项:1.非常符合 2.较符合 3.不确定 4.有点符合 5.基本不符合。请在相应数字等级上画√)

1. 乐于帮助同事解决工作上遇到的问题。　　　　　　　　　1 2 3 4 5
2. 自觉自愿地无私帮助新员工。　　　　　　　　　　　　　1 2 3 4 5
3. 愿意协助解决同事之间的误会和纠纷,以维护人际和谐。　1 2 3 4 5
4. 主动邀请所接触的优秀人才加盟本公司。　　　　　　　　1 2 3 4 5

五、知识共享方面(每题有 5 个选项:1.非常不同意 2.不同意 3.普通 4.同意 5.非常同意。请在相应数字等级上画√)

1. 我愿意分享我的工作报告及公务上的文件资料给同事。　　　1 2 3 4 5
2. 我愿意分享我的工作手册、工作方法与范例给同事。　　　　1 2 3 4 5
3. 我愿意传授已有详细书面资料与易教授的知识给同事。　　　1 2 3 4 5
4. 我愿意提供大众媒体(网站、新闻、杂志、广播)报道中所获得文章知识给同事。　　　　　　　　　　　　　　　　　　　　　　　　　　　1 2 3 4 5
5. 我愿意分享实务上的做法或诀窍知识(指难以在工作手册或文件中取得的知识)给同事。　　　　　　　　　　　　　　　　　　　　　　　1 2 3 4 5
6. 我愿意通过写作的方式分享知识给同事。(指通过写作分享知识,而非仅提供书面资料)给同事。　　　　　　　　　　　　　　　　　　　1 2 3 4 5
7. 我愿意分享重要的关键知识给同事。(例如:学习统计需要的高等数学知识)　　　　　　　　　　　　　　　　　　　　　　　　　　　　1 2 3 4 5
8. 我愿意分享从特殊情境学习到的知识给同事。(例如:如何应对特殊情境)　　　　　　　　　　　　　　　　　　　　　　　　　　　　　1 2 3 4 5
9. 我愿意分享从工作中所累积的经验或专业知识(know-how)给同事。　　　　　　　　　　　　　　　　　　　　　　　　　　　　　　　1 2 3 4 5
10. 当同事有需求,我却无法帮助他/她时,我愿意提供 Know-where(告诉他/她,在那里可以找到他/她所需要的知识)或 Know-whom(告诉他/她,谁拥有他/她所需要的知识)给他/她。　　　　　　　　　　　　　　　1 2 3 4 5
11. 我愿意分享我从培训或进修课程所获得的专门知识或技能给同事。　　　　　　　　　　　　　　　　　　　　　　　　　　　　　　　1 2 3 4 5
12. 我愿意分享我的隐性知识(指抽象知识或想法,无法轻易用文字或数字表达)给同事。　　　　　　　　　　　　　　　　　　　　　　　　1 2 3 4 5

参 考 文 献

[1] Abelson, R P. Script processing in attitude formation and decision making [C]//John S. Carroll and John W. Payne, in Cognition and Social Behavior, Hillsdale, New Jersey: Lawerence Erlbaum Associates,1976.

[2] Ahuja G, Katila R. Technological acquisitions and the innovation performance of acquiring firms: A longitudinal study [J]. Strategic Management Journal, 2001(22):197-220.

[3] Alison D B, Pamsy P. Hui. Contracting talent for knowledge-based competition[C]//Susan E. Jackson. Managing knowledge for sustainable competitive advantage. San Francisco: Jossey_Bass, 2003.

[4] Amabile T M. A model of creativity and innovation in organizations[J]. Research in organizational behavior, 1988(10):123-167.

[5] Amit R, Belcourt M. Human resources management processes: A value-creating source of competitive advantage [J]. European Management Journal,1999,17(2):110-121.

[6] Anand V, Manz C, Glick W H. An organizational memory approach to information management [J]. The Academy of Management Review, 1998,23(4):796-809.

[7] Applebaum E, Bailey T, Berg P, et al. Manufacturing advantage: why high performance work systems payoff[M]. Ithaca: Cornell University Press ,2000.

[8] Argyris C, Schon D A. Organizational learning: A theory of action perspective[M]. MA: Addison-Wesley,1978.

[9] Arthur J B. The link between business strategy and industrial relations systems in American steel minimills[J]. Industrial and Labor Relations Review, 1992(45): 488-506.

[10] Barnett W P, Miner A S. Standing on the shoulders of others: Career interdependence in job mobility[J]. Administrative Science Quarterly, 1992,37(2): 262-281.

[11] Baron J N, Kreps D M. Strategic human resource: Frameworks for general managers[M]. New York: Wiley, 1999.

[12] Barron F, Harrington D M. Creativity, intelligence, and personality[J]. Annual Review of Psychology, 1981(32): 439-476.

[13] Bartol K. M, Sirvastava A. Encouraging knowledge sharing: The role of organizational reward systems [J]. Journal of Leadership & Organizational Studies, 2002,9(1):64-77.

[14] Baum A, Bell P A, Greene T C, et al. Environmental psychology[M]. 5th ed. Fort Worth: Harcourt Brace College, 2000.

[15] Becker B E, Huselid M A, Pickus P S, et al. HR as a source of shareholder value: Research and recommendations[J]. Human Resource Management, 1997,(36): 39-47.

[16] Bertel T, Savage C. A research agenda for the knowledge era: The touch questions[J]. Knowledge and process management, 1999,6(4):205-212.

[17] Bettis R A, Bradley S P, Hamel G. Outsourcing and industrial decline [J]. Academy of Management Executive, 1992, (6):7-22.

[18] Borman W C, Motowidlo S J. Expanding the criterion domain to include elements of contextual performance[C]//Schmitt N, Borman W C. Personnel selection in organizations. San Francisco: Jossey_Bass, 1993.

[19] Bowonder B, Miyake T. Technology strategy of Toshiba corporation: A Knowledge Evolution Perspective[J]. International Journal of Technology Management,2000,19(7-8):864-895.

[20] Campbell J P. The definition and measurement of performance in the new age[C]//Ilgen D R, Pulakos E D. The changing nature of performance: Implications for staffing, motivation, and development. San Francisco: Jossey-Bass,1999.

[21] Campbell J P, McCloy R A, Oppler S H, et al. A theory of performance [C]//Schmitt N, Borman W C. Personnel selection in organizations. San Francisco: Jossey-Bass, 1993.

[22] Cannella H. Effects of executive departures on the performance of acquired firms[J]. Strategic Management, 1993,(2):295-319.

[23] Coase R H. The Nature of the Firm[J]. Economica, 1937, 16 (4): 386-405.

[24] Coff R W. Human Assets and Management Dilemmas: Coping with Hazards on the Road to Resource-Based Theory[J]. The Academy of Management Review,1997,22(2): 374-402.

[25] Coff R W. Bidding Wars over R&D-Intensive Firms: Knowledge, Opportunism, and the Market for Corporate Control[J]. The Academy of Management Journal, 2003,46(1): 74-85.

[26] Cohen W M,Levinthal D A. Innovation and Learning: The Two Faces of R&D[J],The Economic Journal,1989, 99(397):569-596.

[27] Collis K, Montgomery C. Competing on Resources: Strategies for the 1990s[J]. Harvard Business Review, 1995,73(4):25-40.

[28] Coyle-Shapiro J A M, Kessler I. Consequences of the psychological contract for the employment relationship:A large scale survey[J]. Journal of Management Studies, 2000, 37 (7) :903-930.

[29] Crossan L W. An organizational learning framework: From intuition to institution[J]. Academy of Management Review ,1999,24(3):522-537.

[30] Davenport T H, Prusak L. Working knowledge: How organizations manage they know [M]. Boston, Ma: Harvard Business Review Press, 1998.

[31] Biggs D, Swailess. Relations commitinent and satisfaction in agency workers and permanent workers[J]. Employee Relations, 2006, 28(2): 130-143.

[32] Lepak D P, Snell S A. Examining the human resource architecture: the relationships among huuan capital, employment, and human resource configijrations[J]. Joumal of Management, 2002,28(4):517-543.

[33] Davis-Blake A, Uzzi B. Determinants of employment externalization a study of temporary workers and independent contractors [J]. Administrative Science Quarterly, 1993,38(1):195-223.

[34] Davis F D. Perceived usefulness, perceived ease of use, and user acceptance of information technology (in Theory and Research)[J]. MIS Quarterly, 1989(13): 319-340.

[35] DeCarolis D M, Deeds D L. The impact of stocks and flows of organizational knowledge on firm performance: An empirical investigation of the biotechnology industry[J]. Strategic Management Journal. 1999,

(20): 953-986.

[36] Delany J T, Huselid M A. The Impact of Human Resource Management Practices on Perceptions of Organizational Performance[J]. Academy of Management Journal, 1996,39(4):949-969.

[37] Delery J E, Doty D H. Mode soft heorizing in strategic human resource management: tests of universalistic, contingency, and configurational perspectives[J]. Academy Of Management Journal, 1996,(39):802-805.

[38] Hitt D J. The knowledge-based approach to sustainable competitive advantage[C]//Susan E. Jackson. Managing knowledge for sustainable competitive advantage. San Francisco: Jossey_Bass, 2003.

[39] Dess G G, Picken J C. Changing roles: Leadership in the 21st century [J]. Organizational Dynamics, 2000,29(4):18-34.

[40] Dessler G. Management: Leading people and organizations in the 21st century[M]. UK: Prentice-Hall International Inc, 1998.

[41] Devanna M A, Tichy N. Creating the competitive organization of the 21st century: The boundaryless corporation[J]. Human Resource Management, 1990(29): 445-471.

[42] Diromualdo A, Gurbaxani V. Strategic intent for IT outsourcing[J]. Sloan Management Review, 1998,39 (4):67-80.

[43] Doeringer P B, Piore M J. Internal labor markets and manpower analysis [M]. Lexington, Mass:D. C. Health, 1971.

[44] Donald Hislop. The client role in consultancy relations during the appropriation of technological innovations[J]. Research Policy, 2002, (31):657-671.

[45] Dotlich D, Noel J. Action learning: How the world's top companies are re-creating their leaders and themselves[M]. San Francisco: Jossey-Bass Publishers,1998.

[46] Drucker P F. Knowledge-worker productivity: The biggest challenge[J]. California Management Review, 1999,(41):79-94.

[47] Dussuage P, Garrette B, Mitchell W. Learning from competing partners' outcomes and durations-of scale and link alliances in Europe, North America, and Asia[J]. Strategic Management Journal, 2000, (21):99-126.

[48] Dyer J H. Effective inter-firm collaboration: How firms minimize

transaction costs and maximize transaction value[J]. Strategic Management Journal, 1997,(18):535-556.

[49] Dyer Jeffrey H. Nobeoka K, Creating and Managing a High Performance Knowledge-Sharing Network: The Toyota Case[J]. Strategic Management Journal, 2000,21(3):345-367.

[50] Dyer J H, Singh H. The relational view:Cooperative strategy and Sources of inter-organizational competitive advantage[J]. Academy of Management Review,1998,23(4):600-679.

[51] Lawler E E. The strategic design of reward systems[C]//Scholer R S. Youngblood S A. Readings in Personnel and Human Resource Management. 2nd ed. Paul,MN:West Publishing,1984.

[52] Kelloway E K, Barling J. Knowledge work as organizational behavior[J]. International Journal of Management Reviews, 2000,2(3):287-304.

[53] Fiol C M. Consensus, diversity, and learning in organizations[J]. Organization Science, 1994,(5):403-420.

[54] Firestone J. Organizational learning and knowledge management: the relationship[J]. The Learning Organization, 2004,11(2):177-184.

[55] Frances H, Managing Knowledge Workers: New Skills and Attitudes to Unlock the Intellectual Capitol in Your Organization[M]. New York: John Wiley & Sons, Inc. 1999.

[56] Gary D. How to Earn Your Employees' Commitment[J]. The Academy of Management Executive, 1999, 13(2): 58-67.

[57] Gerhart B, Becket B E. The impact of human resource management on organizational performance: Progress and prospects[J]. Academy of Management Journal, 1996,(39):779-801.

[58] Gerhart B. Compensation strategy and organizational performance[C]// Rynes S, Gerhart B. Compensation in organizations: Current research and practice. San Francisco: Jossey-Bass, 2000.

[59] Gilbert M, Gordey-Hayes M. Understanding The Process of Knowledge Transfer to Achieve Successful Technological Innovation[J]. Technovation, 1996,16(6):365-385.

[60] Gomes-Casseres B. Firm ownership preferences and host government restrictions: An integrated approach[J]. Journal of International Business

Studies, 1990,21(1):111-123.

[61] Grant R M. Toward a knowledge-based view of the firm[J]. Strategic Management Journal, 1996, (17):109-122.

[62] Grant R M. Baden-Fuller C. A knowledge-based theory of inter-firm collaboration [C]. Academy Management Annual Meeting Procceding, 1995.

[63] Gruber D, Weidinger C R. Schimpl H, et al. High Dynamic Range Operation Modes of Analyzers in R&D Applications(F2000H253)[C]. Seoul 2000 FISITA World Automotive Congress June 12 - 15, 2000, Seoul, Korea.

[64] Guzzo R A, Shea G P. Group performance and intergroup relations in organizations[C]/Dunnette M D, Hough L M. Handbook of industrial and organizational psychology. Palo Alto, CA: Consulting Psychologists Press, 1992.

[65] Hambrick D C, Cannella A A. Relative standing: A framework for understanding departures of acquired executives [J]. Academy of Management Journal, 1993,36(4):733-762.

[66] Hamel, Gary. Competition for competence and inter-partner learning within international strategic alliances[J]. Strategic Management Journal, 1991(12):83-103.

[67] Hansen M T, Nohria N, Tierney T. What's your strategy for managing knowledge? [J] Harvard Business Review, 2000, March-April :106-116.

[68] Hargadon A, Sutton R L. Building an innovation factory[J]. Harvard Business Review, 2000, (78):157-166.

[69] Harrison Kelley, Harrison B, Kelley M E. Outsourcing and the search for flexibility work[J]. Employment and Society, 1993,(7):213-235.

[70] Hartmut M. Allgemeines Verwaltungsrecht[M], Auflage,1999.

[71] Helleloid S. The Relationship Between Higher Education and Job Satisfaction: a Study of Municipal Police Officers in Two Cities[D]. Michgen: Michgen University Microfilms,1994.

[72] Henderson R I. Performance Appraisal[M]. 2nd ed. Va: Reston, 1984.

[73] Heniot, Herriot P, Manning W E, et al. The Content of the Psychological Contract[J]. British Journal of Management, 1997,8(2):151-162.

[74] Hesketh B, Neal A. Technology and performance[C]//Ilgen D R, Pulakos E D. The changing nature of performance: replications for staffing, motivation, and development. San Francisco: Jossey-Bass, 1999.

[75] Hidding C, Hidding G J, Catterall S M. Anatomy of a learning organization turning knowledge into capital at Anderson Consulting[J]. Knowledge and Process Management, 1998,5(1):3-13.

[76] Hill C, Deeds D H. The importance of industry structure for the determination of firm profitability: A net-Austrian perspective [J]. Journal of Management Studies, 1996,33(4): 429-451.

[77] Hitt M A, Bierman L, Shimizu I, et al. Direct and moderating effects of human capital on strategy and performance in professional service firms: A resource-based perspective [J]. Academy of Management Journal, 2001, 44(1):13-28.

[78] Hitt M A, Hoskisson R E, Nixon R D. A mid-range theory of interfunctional integration: Its antecedents and outcomes[J]. Journal of Engineering and Technology Management, 1993, (10): 161-185.

[79] Hitt M A, Nixon R D, Hoskisson R E, et al. Corporate Entrepreneurship and Cross-functional Fertilization: Activa-tion, Process and Disintegration of a New Product Design Team [J]. Entrepreneurship: Theory and Practice, 1999,23(3).

[80] Hitt M A, Ireland R D, Lee H U. Technological learning, knowledge management, firm growth and performance: an introductory essay[J]. Journal of Engineering and Technology Management, 2000, 17(3-4): 231-246.

[81] Horibe F. Managing knowledge workers: New skills and attitudes to unlock the intellectual capital in your organization [M]. New York: Wiley, 1999.

[82] Hui P, Davis-Blake A, Broschak J P. Owner/contractor organizational changes: How outsourcing knowledge work affects project performance [D]. Austin: University of Texas, 2000.

[83] Huselid M A. The Impact of Human Resource Management Practices on Turnover, Productivity, and Corporate Financial Performance[J]. The Academy of Management Journal, 1995,38(3): 635-672.

[84] Ikujiro Nonaka, Hirotaka Takeuchi. The Knowledge creating Company [M]. New York: Oxford University Press, 1995.

[85] Ilgen D R, Hollenbeck J R. The structure of work: Jobsdesign and roles [C]// Dunnette M D, Hough L M, Handbook of industrial and organizational psyehotogy, 1991.

[86] Jill K, Lester K. Breaking through boundaries for organizational innovation[J]. Journal of Management, 2001, 27(3): 347-361.

[87] Jorde T, Teece D J. Competition and cooperation: Striking the fight balance[J]. California Management Review, 1989, 31(3): 222-234.

[88] Judge T A, Thoresen C J, Pucik V, et al. Managerial coping with organization change: A dispositional self-regard? [J]. Psychological Review, 1999, 106(4): 766-794.

[89] Kalleberg A L. Nonstandard employment relations: Part-time, temporary, and contract work[J]. Annual Review of Sociology, 2000(26): 341-365.

[90] Kalleberg A L, Reskin B F, Hudson K. Bad jobs in America: Standard and nonstandard employment relations and job quality in the United States [J]. American Sociological Review, 2000, 65(2): 256-278.

[91] Karim S, Mitchell W. Path-dependent and path-breaking change: Reconfiguring business resources following acquisitions in the U.S. medical sector, 1978—1995[J]. Strategic Management Journal, 2000, 21(10/11): 1061-1081.

[92] Kelley R, Caplan J. How Bell Labs creates star performers[J]. Harvard Business review, 1993, 71(4): 128-39.

[93] Khanna T, Gulati R, Nohria N. The dynamics of learning alliances: Competition, cooperation, and relative scope[J]. Strategic Management Journal, 1998, (19): 193-210.

[94] Klein K J, Kozlowski S W. Multilevel theory, research, and methods in organizations[M]. San Francisco: Jossey Bass, 2000.

[95] Kogut B, Zander U. Knowledge of the firm, combinative capabilities, and the replication of technology[J]. Organization Science, 1992, (3): 383-397.

[96] Kozin M D, Young K C. Using acquisitions to buy and hone core competencies[J]. Mergers & Acquisitions the Dealermakers Joural, 1994, 29(2): 21-26.

[97] Lane P J, Lubatkin M. Relative absorptive capacity and interorganizational learning[J]. Strategic Management Journal, 1998, (19):451-477.

[98] Lei D, Hitt M A. Strategic restructuring and outsourcing:the effect of mergers and acquisitions and LBOs on building firm skills and capabilities[J]. Journal of Management, 1995,21(5):835-859.

[99] Lei D, Hitt M A, Bettis R. Dynamic core competences through meta-learning and strategic context[J]. Journal of Management,1996,22 (4):549-569.

[100] Leonard-Barton D. Wellsprings of knowledge: Building and sustaining the sources of innovation [M]. Boston: Harvard Business School Press, 1995.

[101] Lepak D P, Snell S A. The human resource architecture: Toward a theory of human capital allocation and development[J]. Academy of Management Review, 1999,24(1):31-48.

[102] Lepak D P, Snell S A. Examining the Human Resource Architecture:the relationships among human capital, employment, and human resource configuration[J]. Journal of Management, 2002, 28(4):517-543.

[103] Lepak D P, Scott D P, Snelll A. Managing the human resource architecture for knowledge-based competition[C]//Susan E. Jackson. Managing knowledge for sustainable competitive advantage. San Francisco: Jossey_Bass, 2003.

[104] Lepak D P. A contingency framework for the delivery of HR practices [J]. Human Resource Management Review,2005,(15):139-159.

[105] Chen L Y. Relationship between leadership behaviors and knowledge sharing in professional service firms engaged in strategic alliances[C]. The Fourth Asia Academy of Management Conference, 2004.

[106] Liebowitz J,Beckman T. Knowledge Organization: What Every Manager Should Know[M]. New York: Wiley, 1999.

[107] Linn V D, Jill W G, Richard M D. Organizational citizenship behavior: Construct redefinition, measurement, and validation[J]. The Academy of Management Journal, 1994,37(4):765-802.

[108] MacDuffie J P. Human resource bundles and manufacturing

performance: Organisational logic and flexible production systems in the world auto industry[J]. Industrial and Labor Relations Reviews, 1995, (48): 197 – 221.

[109] Marc T, Paul H. Relational quality and innovative performance in R&D based science and technology firms[J]. Human Resource Management Journal, 2006(1):28 – 47.

[110] Marsh S J, Ranft A L. An empirical study of the influence of knowledge-based resources on new market entry[C]//Hitt M A, Clifford P G, Nixon R D, et al. Dynamic strategic resources: Development, diffusion, and integration. New York: Wiley, 1999.

[111] Matusik S F, Hill C W L. The Utilization of Contingent Work, Knowledge Creation, and Competitive Advantage[J]. The Academy of Management Review, 1998, 23(4): 680 – 697.

[112] Merali Y. Building and developing capabilities: A congnitive congruence framework[C]//Sanchez R. Knowledge management and organizational competence. New York: Oxford University Press, 2001.

[113] Miller D A, Shamsie J. The resource-based view of the firm in two environments: The Hollywood film studios from 1936 to 1965[J]. Aladeny of manyement Journal, 1996, 39(3):519 – 543.

[114] Mitchell W, Singh L. Survival of businesses using collaborative relationships to commercialize complex goods[J]. Strategic Management Journal, 1996, (17):169 – 195.

[115] Mobley W H. Employee turnover: cause, consequence and control[M]. Maine: Addison-Wesley, 1982.

[116] Morrison L, Rosen G D, Behan P O. Behavior, Cortical Ectopias, and Autoimmunity in BXSB-Yaa and BXSB-Yaa + Mice [J]. Brain, Behavior, and Immunity, 1993, 7(3):205 – 223.

[117] Murphy I L. Dimensions of job performance[C]//Dillon L, Pelligrino J. Testing: Applied and theoretical perspectives. NewYork: Praeger, 1989.

[118] Nahapiet J, Ghoshal S. Social capital, intellectual capital, and the organizational advantage[J]. Academy of Management Review, 1998, 23(2):242 – 266.

[119] Nonaka I, Amikura H. Organizational Knowledge Creation and the Role

of Middle Management[C]. 1992 Annual Conference of Academy of Management,1992.

[120] Nonaka I, Takeuchi H. The knowledge creating company: How Japanese companies create the dynamics of innovation[M]. New work: Oxford University Press, 1995.

[121] Oldham John M D. Science-Based Practice[J]. Journal of Psychiatric Practice, 2001,7(4):227.

[122] Organ D W. Organizational citizenship behavior: It's construct clean-up time[J]. Human Performance, 1997, (10):85-97.

[123] Organ D W. A Restatement of the Satisfaction-Performance Hypothesis[J]. Journal of Management, 1988,14(4):547-557.

[124] Paphael A, Monica B. Human resource management processes: a value-creating source of competitive advantage[J]. European Management Journal, 1999,17(2): 174-181.

[125] Parker, Rober E. Flesh Peddlers and Warm Bodies: The Temporary Help Industry and Its Workers[M]. New Brunswick, N. J.: University Press,1994,54-55.

[126] Paul A, Strassmann. Overview of strategic aspects of information management[J]. Office Technology and People. 1982, 1(1): 71-89.

[127] Boxall P. Achieving competitive advantage through human resource strategy: towards a theory of industry dynamics[J]. Human Resource Management Review, 1998, 8(3):265-288.

[128] Pfeffer J, Robert I L. Knowing what to do is not enough: turning knowledge into action[J]. California Management Review, 1999,42(1): 83-108.

[129] Ployhart R E, Ryan A M, Bennett M. Explanations for Selection Decisions: Applicants' Reactions to Informational and Sensitivity Features of Explanations[J]. Journal of Appli ed Psychology, 1999, 84 (1):87-106.

[130] Podsakoff P M, MacKenzie S B. The impact of organizational citizenship behavior on organizational performance: A review and suggestions for future research[J]. Human Performance, 1997, (10): 133-152.

[131] Podsakoff P M. Quantitative methods in leadership research: Introduction of a

new section[J]. The Leadership Quarterly, 1994,5(1):1-2.

[132] Polanyi M. Personal knowledge: Towards a postcritical philosophy[M]. New York: Routledge,1973.

[133] Porter L W, Pearce J L, Tripoli A M, et al. Differential perceptions of employers' inducements: implications for psychological contracts[J]. Journal of Organizational Behavior, 1998(4):23-31.

[134] Prahalad, C K, Hamel G. The core competence of the corporation[J]. Harvard Business Review, 1990, (68):79-91.

[135] Prahalad C K. Gary Hamel. Strategy as a field of study: Why search for a new paradigm? [J]. Strategic Management Journal, 1994,15(S2):5-16.

[136] Price J L. Introduction to the Special Issue on Employee Turnover[J]. Human Resource Management Review,1999,9(4): 387-395.

[137] Pulakos E D, Schmit N, Dorsey D W, et al. Predicting adaptive performance: Further test of a model of adaptability [J]. Human Performance, 2000,15(4):299-323.

[138] Pulakos E D, Arad S, Donovan M A, et al. Adaptability in the workplace: Development or a taxonomy of adaptive performance[J]. Journal of Applied Psychology, 2000, (85):612-624.

[139] Purcell J. Best practice and best fit: chimera or cul-de-sac? [J]. Human Resource Management Journal, 1999,9(3):26-41.

[140] Putnam R D. Making democracy work [M]. Princeton: Princeton University Press, 1993.

[141] Quinn J B, Anderson P, Finkelstein S. Managing professional intellect: Making the most of the best[J]. Harvard Business Review, 1996,(3-4):71-80.

[142] Randall S Schuler, Susan E Jackson, Human resource management: positioning for the 21st century[M]. St. Paul, Minn: West publishing Co. 1996.

[143] Ranft A L, Lord M D. Acquiring new knowledge: The role of retaining human capital in acquisitions of high-tech firms[J]. Journal of High Technology Management Research,2000,11(2): 295-319.

[144] Raselt E, Appelbaum A. The changing pattem of employment relations [J]. New Direaions for Higher Education, 1998, 12(8): 81-89.

[145] Reed R, DeFillippi R S. Causal ambiguity, barriers to imitation, and sustainable competitive advantage[J]. Academy of Management Review, 1990, (15):88-102.

[146] Robert M, Fulmer J. Bernard Keys A Conversation withChris Argyris: The Father of Organizational Learning[J]. Organizational Dynamics, 1998,27(2):21-32.

[147] Roberts E, Fusfeld A. Innovations Strategine[M]. [S. l.]: Springer press,1982.

[148] Robertson M, Hammersley G O. Knowledge management practices within a knowledge - intensive firm: the significance of the people management dimension[J]. Journal of European Industrial Training, 2000, 24(2/3/4):241-253.

[149] Rosabeth Moss Kanter. The middle manager as innovator[J]. Harvard business review, 2004, 82(7-8):150-161.

[150] Romiszowski A. Web - based distance learning and teaching: Revolutionary invention or reaction to necessity[J]. Khan, 1997.

[151] Rousseau D M, Parks J M. The contracts of individuals and organizations [J]. Research in Organisational Behaviour,1993,(15):1-43.

[152] Sanjib Chowdhury. The role of affect and cognition - based trust in complex knowledge sharing[J]. Journal of Managerial Issues, 2005,17 (3):310-327.

[153] Schein E H. Organizational Psychology[M] 3rd ed, Englewood Cliffs, New Jersey:Prentice - Hall,1980:19-26.

[154] Schuler R S, Jackson S E. Linking competitive strategies with human resource practices[J]. Academy of Management Executive, 1987,(1): 207-220.

[155] Scott A M. Developmental Research Methods[M]. Englewood: Prentice - Hall,lnc. 1987.

[156] Shalley G E. Effects of coaction, expected evaluation, and goal setting on creativity and productivity[J]. Academy of Management Journal, 1995,(38):483-503.

[157] Simonin B L. Ambiguity and the process of knowledge transfer in strategic alliances [J]. Strategic Management Journal, 1999 (20):

595-623.

[158] Singh K, Mitchell W. Precarious collaboration: Business survival after partners shut down or form new partnerships[J]. Strategic Management Journat, 1996, (17): 95-115.

[159] Stewart T. Intellectual capital[M]. NewYork: Doubleday-Currency, 1997.

[160] Sudip T, Dasgup T, Sheridan T. Pricing strategy and financial policy [J]. Review of Financial Studies, 1998, 11(4): 705-737.

[161] Susan E. Jackson, Randall S. Schuler. Understanding human resource management in the context of organizations and their environments[J]. Annual Review of Psychology, 1995, (46): 237-264.

[162] Randall S S, Rogovsky N. Understanding Compensation Practice Variations Across Firms: The Impact of National Culture[J]. Journal of International Business Studies, 1998, 29(1): 159-177.

[163] Sveiby, Karl-Erik. Methods for measuring intangible assets[EB/OL]. (2001) http://www.sveiby.com/articles.

[164] Sweiby, Karl-Erik. The new organizational wealth: Managing and measuring knowledge-based assets[M]. San Franci-sco: Berett-Koehler Publisshers, 1997.

[165] Teece D J, Pisano G, Shuen A. Dynamic capabilities and strategic management[J]. Strategic Management Journal, 1997, (18): 509-533.

[166] Thmothy, Mowday, Porter L W, et al. Organizational commitment, job satisfaction, and turnover among psychiatrict Technicians[J]. Journal of Applied Psychology, 1974(10): 603-609.

[167] Thomas H. Davenport, Saving IT's soul: Human-centered information management[J]. Harvard Business Review, 1994, March-April: 17-21.

[168] Thompson L F, Coovert M D. Teamwork online: The effects of computer conferencing on perceived confusion, satisfaction and postdiscussion accuracy[J]. Group Dynamics: Theory, Research, and Practice, 2003, 7(2): 135-151.

[169] Thomas N G, Michael M, Patrick G, et al. Human resource development and workplace learning: emerging theoretical perspectives and organisational practices[J]. Journal of European Industrial Training,

2002, 26(2/3/4): 60 - 71.

[170] Tsai W, Ghoshal S. Social Capital and Value Creation: The Role of Intrafirm Networks[J]. The Academy of Management Journal, 1998, 41(4): 464 - 476.

[171] Tusi A S, Pesrce J L, Tripoli A M. Altemative schuler. Approaches to the employee organization relationship: Does investment in employees pay off? [J]. Academy of Management Journal, 1997, 40(5): 1089 - 1121.

[172] Daellenbach U. S., Sally J S. Establishing trust during the formation of technology alliances[J]. Journal of Technology Transfer, 2004, (29): 187 - 202.

[173] Vermeulen F, Barkema H. Learning through Acquisitions[J]. The Academy of Management Journal, 2001, 44(3): 457 - 476.

[174] Weick K E, Roberts K H. Collective Mind in Organizations: Heedful Interrelating on Flight Decks[J]. Administrative Science Quarterly, 1993, 38(3): 357 - 381.

[175] Whitbourne S K. The Competent Worker[M]. New York: Springer Press, 1986.

[176] Wiig K M. What future knowledge management users may expect[J]. Journal of Knowledge Management, 1999, 3(2): 155 - 166.

[177] Williamson O E. The Economic Institutions of Capitalism [M]. NeunionYork: FreePress, 1985.

[178] Williamson O E. Comparative economic organization: Analysis of discrete structural alternatives[J]. Administrative Science Quarterly, 1991, (36): 269 - 296.

[179] Williamson O E. Markets and hierarchies: Analysis and antitrust implications[M]. NewYork: Free Press, 1975.

[180] Wright P M, Dufford B B, Snell S A. Human resource and resource based view of the firm[J]. Journal of Management, 2001, (27): 701 - 702.

[181] Wright P M, McMahan G C, McWilliams A. human resources and sustained competitive advantage: A resource - based perspective[J]. International Journal of Human Resource Management, 1994, 5(2): 301 - 326.

[182] Wysocki B J. Why an acquisition? Often, it's the people[J]. Wall Street Journal, 1997(10): 6 - 14.

[183] Yau J. Defining knowledge work. A british and hispanic cross-cultural study [EB/OL]. (2003-12-9). http://www users. cs. york. ac. uk/~kimble/teaching/students/JenniferYau/Defining_Knowledge_Work-pdf.

[184] Zack H. Management codified knowledge[J]. Sloan Management Review,1999,(12):11-23.

[185] Zigurs I. Leadership in virtual teams:Oxymoron or opportunity[J]. Organizational Dynamics,2003,31(4):339-351.

[186] Zingheim P K, Schuster J R. Creating a powerful customized workplace reward brand[J]. Compensation and Benefits Review,2001,33(6):30-33.

[187] 戈尔茨坦,伏特.组织中的培训[M].常玉轩,译.北京:清华大学出版社,2002.

[188] 斯威比.知识探戈:管理与测量知识资本的艺术[M].王鄂生,译.北京:海洋出版社,2007.

[189] 托夫勒.未来的震荡[M].任小明,译.成都:四川人民出版社,1985.

[190] 珀文.人格科学[M].周榕,译.上海:华东师范大学出版社,2001.

[191] 宝贡敏.以知识为基础的竞争战略——论我国高技术企业的战略管理基本模式[J].南开管理评论,2001(2):40-43.

[192] 圣吉.第五项修炼——学习型组织的艺术与实务[M].郭进隆,译.上海:上海三联书店,1998.

[193] 陈国权,马萌.组织学习——现状与展望[J].中国管理科学,2000,8(1):66-74.

[194] 陈加州,凌文辁,方俐洛.企业员工心理契约的结构维度.心理学报,2003(3):404-410.

[195] 陈健民,丘海雄.社团、社会资本与政经发展[J].社会学研究,1999(4):64-74.

[196] 程德俊.知识视角下的人力资源内部化和外部化战略[J].科研管理,2007(3):70-77.

[197] 陈爽,高福霞.论弹性雇佣在中小企业人力资源管理中的应用[J].对外经贸,2014(7):121-123.

[198] 成跃飞.信任对知识共享作用机制的文献综述[J].科技情报开发与经济,2007,17(36):149-150.

[199] 程延园,艾明晓,张丽雪.雇佣模式与心理契约关系实证研究[J].中国人力资源开发,2013(23):87-93.

[200] 贝尔.后工业社会的来临[M].高铦,等,译.北京:新华出版社,1997.

[201] 邓湘琳.国内外知识管理的研究进展[J].湘潭师范学院学报:社会科学版,2007,29(1):59-61.

[202] 邓玉林,达庆利,王文平.知识工作设计与知识型员工薪酬策略[J].中国工业经济,2006(8):93-100.

[203] 樊治平,孙永洪.知识共享研究综述[J].管理学报,2006,3(3):371-378.

[204] 赫瑞比.管理知识员工:挖掘企业智力资本[M].郑晓明,等,译.北京:机械工业出版社,2000.

[205] 高贤峰.知识型员工的行为动力结构与激励策略[J].中国人力资源开发,2001(7):15-17.

[206] 何德勇.KM VS. HRM——知识管理背景下的人力资源管理[EB/OL].hhttp://www.DAOchina.com,2005.

[207] 胡安安,徐瑛,凌鸿.组织内知识共享的信任模型研究[J].上海管理科学,2007(1):32-36.

[208] 黄彦婷,杨忠.雇佣关系影响知识共享行为的两种并行机制比较[J].中国科技论坛,2014(8):149-153.

[209] 堺屋太一.组织的盛衰[M].吕美女,译.上海:上海人民出版社,2000.

[210] 金麟洙.从模仿到创新——韩国技术学习的动力[M].刘小梅,等,译.北京:新华出版社,1998.

[211] 柯江林,石金涛.组织中员工知识分享行为激励机制的比较分析[J].上海交通大学学报,2006,40(9):1566-1571.

[212] 克雷曼.人力资源管理——获取竞争优势的工具[M].孙非,等,译.北京:机械工业出版社,1999.

[213] 克雷曼.人力资源管理:获取竞争优势的工具[M].吴培冠,译.北京:机械工业出版社,2003.

[214] 李宝元.战略性激励论——现代人力资源管理精髓理念及其在企业的应用[J].财经问题研究,2003(4):83-87.

[215] 廖昌荫.人力资源管理研究视点分析[J].广西师范大学学报:哲学社会科学版,2004,40(2):75-81.

[216] 廖开际.知识管理原理与应用[M].北京:清华大学出版社,2007.

[217] 林东清.知识管理理论与实务[M].北京:电子工业出版社,2005.

[218] 刘慧敏,王刊良,田军.虚拟科研团队中的信任、冲突与知识共享的关系研究[J].科学学与科学技术管理,2007(6):159-163.

[219] 刘剑.实现灵活化的平台:互联网时代对雇佣关系的影响[J].中国人力资源开发,2015(14):77-83.

[220] 刘军,苏方国.中国人力资源管理前沿Ⅰ:海峡两岸专家的新视野[M].北京:中国经济出版社,2006.

[221] 龙勇,李忠云,张宗益.技能型战略联盟基于信任的知识获取和合作效应实证研究[J].研究与发展管理,2006(5):36-43.

[222] 吕海军.企业知识战略研究[D].哈尔滨:哈尔滨工程大学,2003.

[223] 马成功,王二平,林平.基于行为的绩效评定方法的研究进展.心理科学进展[J],2002(4):453-459.

[224] 马国臣,柳丽华,徐向艺.基于企业团队和员工个体双重视角的知识管理[M].北京:经济科学出版社,2007.

[225] 马宏建.中国高技术企业知识管理能力与绩效研究[D].上海:复旦大学,2005.

[226] 波兰尼.个人知识:迈向后批判哲学[M].许泽民,译.贵阳:贵州人民出版社,2000.

[227] 彭锐,吴金希.核心能力的构建:知识价值链模型[J].经济管理,2003(18):20-25.

[228] 戚永红,宝贵敏.知识管理:概念、框架与问题[J].经济管理,2003(12):4-10.

[229] 芮明杰,樊圣君."造山":以知识和学习为基础的企业的新逻辑[J].管理科学学报,2001(3):14-24,45.

[230] 芮明杰,方统法.知识与企业持续竞争优势[J].复旦学报:自然科学版,2003,42(5):721-727.

[231] 芮明杰,李鑫,任红波.高技术企业知识创新模式研究——对野中郁次郎知识创造模型的修正与扩展[J].外国经济与管理,2004(5):8-12.

[232] 石金涛,陈琦.基于人力资本特定性的雇佣模式与薪酬制度特点.中国人力资源开发,2003(10):10-12.

[233] 史占中,隋丹.知识联盟与企业知识转移[J].上海管理科学,2003(6):10-11.

[234] 罗宾斯.组织行为学[M].10版.孙健敏,等,译.北京:中国人民大学出版社,2006.

[235] 苏中锋,谢恩,李垣.基于不同动机的联盟控制方式选择及其对联盟绩效的影响[J].南开管理评论,2007,10(5):4-11.

[236] 汤莹.企业多元雇佣的动因、类型及管理对策研究[D].天津:南开大学,2006.

[237] 涂辉文.人力资源雇佣模式的发展探讨[J].商业经济与管理,2005(9):43-47.

[238] 王连娟.项目团队中的隐性知识管理[D].北京:中国人民大学,2004.

[239] 王俊娜,付英.知识型企业的组织治理——用企业理论对知识型企业治理结构发展所做的探索[J].科研管理,2001,22(03):87-91.

[240] 王培林.知识创造模型研究[J].情报科学,2007,25(11):1714-1717.

[241] 王雪莉.战略人力资源管理——用人模型与关键决策[M].北京:中国发展出版社,2010.

[242] 王勇.基于能力的人力资源管理理论研究[D].杭州:浙江大学,2002.

[243] 吴冰,王重鸣.知识和知识管理:一个文献综述[J].华东理工大学学报,2006(1):57-61.

[244] 吴国存.论企业职业管理的新视点——职业发展观[J].南开管理评论,1999(5):17-21.

[245] 武欣,张德.人力资源管理的"行为化"趋势[J].科学学与科学技术管理,2005,26(12):137-140.

[246] 夏敬华,金昕.知识管理[M].北京:机械工业出版社,2003.

[247] 项国鹏.知识和公司战略的结构化分析及其启示[J].管理科学,2003(4):32-37.

[248] 徐海波,高祥宇.人际信任对知识转移的影响机制:一个整合的框架[J].南开管理评论,2006(5):99-106.

[249] 许运娜.论战略联盟中的知识转移——基于动态能力的观点[D].北京:对外经济贸易大学,2003.

[250] 严中华.信任:知识管理的基础和灵魂[J].技术经济与管理研究,2004(2):71-72.

[251] 颜士梅.SHRM:一个人力资源管理研究的新领域[J].经济管理·新管理,2001(24):45-48.

[252] 颜士梅,王重鸣.知识型企业如何获取竞争优势———个基于SHRM观的分析[J].科研管理,2002,23(6):74-79.

[253] 杨百寅,韩翼.战略人力资源管理[M].北京:清华大学出版社,2012.

[254] 姚小涛,席酉民.以知识积累为基础的企业竞争战略观[J].中国软科学,2001(2):100-104.

[255] 易敏利,刘开春.论基于知识优势的竞争战略[J].西南民族大学学报:人文社科版,2004,25(2):253-256.

[256] 余光胜.企业发展的知识分析[M].上海:上海财经大学出版社,2000.

[257] 余光胜.企业竞争优势根源的理论演进[J].外国经济与管理,2002(10):10-15.

[258] 宇卫昕,张秋筠,柳娜.企业灵活雇佣知识型员工的效果提升——契约与关系的双重管理视角[J].江苏商论,2009(6):118-120.

[259] 余璇,陈维政.企业雇佣关系综合管理模型设计——基于契约实现度视角[J].西南石油大学学报:社会科学版,2015,17(2):36-42.

[260] 袁庆宏.企业知识管理中的组织行为难题[J].中国人力资源开发,2003(9):15-17.

[261] 奈斯比特.大趋势——改变我们生活的十个新趋势[M].梅艳,译.北京:中国社会科学出版社,1984.

[262] 詹婧,朱必祥.2005企业劳动关系差异化管理研究[J].华东经济管理,2005(2):77-80.

[263] 张波.我国国有资产海外投资的产权结构分析[D].北京:对外经济贸易大学,2007.

[264] 张勉.企业雇员离职意向模型的研究与应用[M].北京:清华大学出版社,2006.

[265] 张瑞玲,丁韫聪.知识型员工激励机制研究综述[J].经济与社会发展,2005,3(11):98-100.

[266] 张望军,彭剑锋.中国企业知识型员工激励机制实证分析[J].科研管理,2001(6):90-96.

[267] 张向前.知识型人才和谐管理实证研究[J].技术经济,2006(10):6-12.

[268] 赵斌,付庆凤,蔡冰鑫.企业人力资源多元化雇佣研究述评[J].经济纵横,2012(3):119-121.

[269] 赵琛徽.知识员工雇佣管理模式研究——基于SHRM的分析[J].中国工业经济,2004(8):75-81.

[270] 周海炜.核心竞争力——知识管理战略与实践[M].南京:东南大学出版社,2002.

[271] 周密,赵西萍,姚芳.基于知识共享意愿的员工信任关系的建立[J].科学学与科学技术管理,2006(1):112-140.

[272] 朱晓妹,王重鸣.中国背景下知识型员工的心理契约结构研究[J].科学研究,2005(1):118-122.

[273] 左美云.国内外企业知识管理研究综述[J].科学决策,2000(3):31-37.

[274] 左美云,许珂,陈禹.企业知识管理的内容框架研究[J].中国人民大学学报,2003(5):69-76.